목사님, 돈에 대해 질문 있어요

하나님의 재정 원칙

지은이 | 민걸
초판 발행 | 2011년 11월 24일
8쇄 발행 | 2017. 3. 28.
등록번호 | 제3-203호
등록된 곳 | 서울특별시 용산구 서빙고동 95번지
발행처 | 사단법인 두란노서원
영업부 | 2078-3333 FAX 080-749-3705
출판부 | 2078-3477

책 값은 뒤 표지에 있습니다.
ISBN 978-89-531-1675-7 03230

편집부에서 독자의 의견을 기다립니다.
tpress@duranno.com   http://www.Duranno.com

두란노서원은 바울 사도가 3차 전도여행 때 에베소에서 성령 받은 제자들을 따로 세워 하나님의 말씀으로 양육하던 장소입니다. 사도행전 19장 8-20절의 정신에 따라 첫째 목회자를 돕는 사역과 평신도를 훈련시키는 사역, 둘째 세계선교(TIM)와 문서선교(단행본·잡지) 사역, 셋째 예수문화 및 경배와 찬양 사역, 그리고 가정·상담 사역 등을 감당하고 있습니다. 1980년 12월 22일에 창립된 두란노서원은 주님 오실 때까지 이 사역들을 계속할 것입니다.

목사님, 돈에 대해 질문 있어요

하나님의 재정 원칙

민걸 지음

두란노

Prologue
프롤로그

나의 간증,
서문을 대신하여

억대 연봉자였던 사람이 재정 강의를 한다니까 강사로 잘 써 주지 않습니다. 부자가 무슨 어려움이 있으며 돈 때문에 골머리 아플 일이 있나 했나 봅니다. 거기다 은행 지점장 출신이라니 기껏해야 예금이나 대출, 돈 굴리는 이야기나 하겠지 그러는 것 같습니다. 그러나 그렇지만은 않다고 강변하고 싶어서 이런 구차한 간증을 서문으로 싣습니다.

제가 어렸을 때 우리나라는 절대 빈곤 시대였습니다. 저는 극빈 가정에서 자랐습니다. 그러나 당시에는 넉넉한 집이 별로 없던 터라 가난이 불편하거나 부끄러운 일은 아니었습니다. 그런 절대 빈곤을 경험한 사람이 서울의 한복판에서 장안의 거부들, 기업주들과 교우했습니다. 돈으로 성공한 사람도 많이 보았지만 반면에 돈으로 망한 사람도 많이 보았습니다. 돈 공장인 은행에서 돈이 어디로 나가서 어떻게 돌다가 어떻게 다시 돌아오는지, 또 어떤 것은 왜 돌아오지 못하는지 돈의 일생도 보았습니다.

제 고향은 농촌. 저희 집은 마을 앞길 한가운데 있었습니다. 웬일인지

밤이 되면 지나는 사람들이 들러 "지나가는 과객이오. 하룻밤 자고 갑시다" 하고 숙박을 청했습니다. 그러면 두말없이 "어서 들어오시오" 하며 맞이했습니다.

"저녁은 드셨소?"

"식전이오."

"그래요? 잠깐 기다리시오. 식은 보리밥 한 덩이가 있으니 차려오겠소."

싱건지 한 사발과 시꺼먼 밥 덩이뿐인 그 낯선 분의 밥상 주변에 식구들이 옹기종기 몰려들어 "어디 사람이오", "어디 갔다 오는 길이오", "자식은 몇 두었소" 하며 끝도 없이 질문했습니다. 이렇게 밤 깊은 줄 모르고 도란도란 얘기를 나누다 어느새 10여 명의 대식구와 한 식구처럼 한 방에 빼곡히 누워 잠이 들곤 했습니다. 이런 풍경을 수없이 보고 자라선지 그런 기제와 반응이 기계적으로 나옵니다.

은행에 취직해서 남보다 상대적으로 많은 월급을 받았습니다. 돈을 모아서 가난한 친형제와 누이들의 살 길에 도움을 주었습니다. 결혼할 때는 모아 둔 돈이 한 푼도 없어서 0에서 시작했습니다. 아내는 '새 인생이니 0에서 시작하자'고 제안했고, 마음을 합쳐 축의금으로 셋방을 얻고 남은 돈으로는 남들이 다 가는 제주도가 아닌 육지로 신혼여행을 돌았습니다. 제 평생 통장에 100만 원 이상 들어 있던 적이 없습니다. 서울 강남에서 살았지만 아내는 강남 아줌마들이 쓰는 돈의 20% 선에서 살림을 꾸렸습니다. 그렇게 산다고 저축이 있었던 것도 아닙니다. 여전히 고액 연봉자였지만 아이들은 우리 집이 항상 가난했다고 기억하고 있습니다.

교회를 개척했습니다. 태어날 때도 0의 환경에서 태어났고, 결혼도 0에서 시작한 것처럼 목회라는 전혀 새로운 인생을 시작할 때도 통장에 1원도 남기지 않고 0에서 시작했습니다. 하지만 가난에 달관한 탓인지 힘들지 않았습니다. 누구도 저를 가난한 사람이라고 보지 않았습니다. 오히려 돈 많은 목사라고 생각했습니다. 그런 탓인지 헌금을 잘 하지 않았습니다.

가난한 티를 내지도 않지만 가난하다고 생각해 본 적도 없습니다. 내 손에 쥐어진 돈은 모두 하나님이 주신 것, 나는 발언권이 없다는 것, 돈의 양은 행복의 조건이 아니라는 것, 저는 단지 이것을 눈치챘을 뿐입니다. 그리고 그것은 제 마음속의 바이러스입니다. 지금도 제 안에서 갈등하며 요동치고 있다고 고백합니다.

재정 강의를 하게 된 배경은 이렇습니다. 제가 예수전도단에서 독수리 예수제자훈련학교(BEDTS)를 10년간 섬기면서 7년간 학교장을 역임했는데 그 훈련은 재정을 최종적인 훈련 과목으로 정하고 있습니다. 물론 이것은 예수전도단의 기본 정신이기도 하지만 성경 정신이기도 합니다. 예수제자훈련의 정수를 '하나님 앞에서 똑바로 돈 쓰기'로 잡고 있는 것입니다.

전 과정이 끝나고 학생들에게 설문조사를 해보면 가장 중요한 과목도 '재정', 가장 이해가 안 된 과목도 '재정', 가장 적용하기 힘든 과목도 '재정', 이렇게 매년 재정 과목이 3관왕을 차지했습니다. 그런데 그런 과목을 외국인이 가르쳤습니다. 그의 강의는 한국 풍토에서 자란 한국인이 이해하고 적용하기에는 한계가 있었습니다. 평생 회계학으로 밥 먹고 살았다고 할 수 있는 지점장도 겨우 알아먹을 회계학을 강의했습니다. 자기 나라의 사례를 들기 때문에 공감 안 되는 내용도 꽤 있었습니다. 강의 내용은 훌륭하지만 학생들이 저것을 잘 알아들을까 조바심이 났습니다. 학생들의 입장을 생각할 때 참으로 안타까웠습니다. 그래서 '한국인이 알아듣는 재정 강의', '한국인이 실천할 수 있는 재정 강의'에 도전하게 됐고, 100강을 하고 나면 책을 써야지 했는데 목회에 쫓기다 보니 200강을 훨씬 넘기고서야 가까스로 출판하게 되었습니다.

 이 책의 주된 내용은 나의 스승이신 그 E씨와 예수전도단 동아시아 대표인 홍성건 목사의 가르침에 기반을 두고 있음을 밝혀 둡니다.

 내용은 아직도 많이 미진합니다. 흔히 겸손을 가장해 내숭을 떠는 여느

8

필자들의 그렇고 그런 말이 아닙니다. 성경에서 말씀하는 돈에 관한 하나님의 경륜이 너무나 깊어서 그렇다는 것입니다. 그래서 형편없는 졸작입니다.

성경은 돈 문제를 구원의 차원에서 다루고 있습니다. 생활의 지혜만을 다룬 그런 이야기가 아닙니다. 그래서 돈 문제는 하나님과 예수님의 최대 관심사입니다. 구원은 확인했을지라도 돈에 대한 가치관과 태도가 변화되지 않고는 구원의 온전한 모습이라고 할 수 없다는 것이 성경의 일관된 입장입니다. 돈에 대한 태도의 변화 없이 온전한 그리스도인이 될 수 없고, 따라서 그런 사람으로는 이 땅에서 하나님 나라가 건설되기 힘들다는 것입니다.

씨줄과 날줄이 엮여 천이 만들어지듯이 모든 세상일에는 돈과 일이 동행합니다. 일은 구원받은 사람처럼 하는데 돈 문제만큼은 세상 가치대로 생각하고 처리한다면 논리적으로 성립이 안 됩니다. 두 가지 중 하나만

비뚤어져도 하나님의 일이 될 리 없습니다. 그래서 성경은 돈에 대해 매우 집요하고도 엄격한 주문을 합니다.

  돈을 쓰는 모습에서 그 사람의 신앙과 삶의 수준을 가늠할 수 있는 것은 이 때문입니다. 무소유는 무능이거나 단지 정치적 제스처일 수 있고, 욕심쟁이 부자는 악 그 자체일 수 있습니다.

  돈 문제는 소유가 아니라 쓰는 것의 문제입니다. 하나님은 잘 쓰는 자를 날마다 찾고 계십니다.

  제2, 제3의 재정 강사가 나타나기를 기원합니다. 중요한데 사람이 없습니다. 방대하기 때문입니다. 그런 염원을 담아 이 책은 저의 강의 구술을 되도록 그대로 옮겼다는 점을 밝혀 둡니다. 목사 훈련 프로그램에서 강의한 것을 녹취한 것이어서 그런 내용이 군데군데 나오고 있음도 양해해 주시기 바랍니다.

  이 책이 탄생하기까지 이모저모로 도와준 고마운 분들에 대한 인사말은 적지 않겠습니다. 공개된 장에서 사적인 체면을 챙기는 것은 정치적 췌언이지 그 이상은 아닐 것이기 때문입니다. 재정에 대한 하나님의 놀라운 인도하심이 있기를 축뽁~! 합니다.

2011년 가을, 서울 남산 자락에서
교회의 원형을 추구하는 뉴버전 교회-〈교회 다움〉
민걸

Contents

프롤로그 … 4
용어 바로잡기 … 16

01
돈을 조종하는 영, 맘몬을 아십니까?

성경에서 돈 얘기는 몇 번쯤 나올까? … 23
세상 형편은 어떤가? … 26
우리나라의 형편은 어떤가? … 30
우리는 돈의 위험에 너무 많이 노출되어 있다 … 32
맘몬은 우리를 어떻게 속이는가? … 38
돈에 속임을 당한 성경의 인물들 … 49
하나님 앞에 나아가 죄를 고백하자 … 54
맘몬과 영적 전쟁을 해야 한다 … 56

02
청지기, 어떻게 돈을 다스리는가?

청지기는 어떻게 태어나는가? … 65
청지기에게 무엇을 주셨는가? … 67
선악과는 돈 문제다? … 71
나는 착한 청지기인가, 악한 청지기인가? … 75
하나님께 칭찬받는 청지기가 되려면 … 88

03
재정론 1 헌금, 어떻게 해야 할까?

재정 공식 … 109
십일조란 무엇인가? … 111
십일조의 네 가지 의미 … 113
한국 교회의 십일조 왜곡을 사죄합니다 … 116
십일조에는 어떤 종류가 있을까? … 119
바울은 헌금에 대해 어떻게 이야기했을까? … 127
예수님은 십일조에 대해 어떻게 말씀하셨을까? … 130
헌금을 드리는 태도는 어떠해야 하는가? … 134
십일조, 이것이 궁금하다 1 … 140
십일조, 이것이 궁금하다 2 … 153

04
재정론 2 투자, 어디에 해야 할까?

투자란? … 169
투자금을 어떻게 마련할 것인가? … 170
존 웨슬리의 법칙을 배워라 … 172
투자의 3대 원칙 … 175
어디에 투자할 것인가? … 182

05
재정론 3 가정경제, 어떻게 잘 관리해야 하나?

부부끼리 비자금을 공개하라 … 194
가계부와 친하라 … 197
신용카드, 어떻게 쓰는가? … 201
신용카드 알뜰 작전 … 205
신용카드 사용 수칙 … 207
첫 걸음은 예산 세우기부터 … 210
저축하는 법, 돈에 꼬리표를 달라 … 214
지출 항목별 주의 사항 … 217
결어 … 225

부록

01. 자녀들에게 돈 교육 어떻게 하나? … 230
02. 교회의 헌금 관리 … 237
03. 부동산 투자와 주식 투자 해도 되는가? … 255

A교회의 회계 원칙 … 263
A교회의 재정 원칙 … 267

용어 바로잡기

용어 바로잡기 ❶ : '재정'과 '물질'에 대하여

1. 보통 개인의 돈 문제나 예산을 언급할 때 '재정'이라는 용어를 사용하는데 이 말은 적합하지 않다. '재정'은 국가의 수지 상태를 언급할 때 사용하는 전문 용어다. 그런데 이미 굳은 말이 돼서 뭐라 말하기 어렵다.

- '재정이 필요하다' → '돈이 필요하다', '예산이 모자라다'
- '그것은 재정 문제다' → '그것은 돈 문제다'

2. 돈을 지칭할 때 '물질'이라고 하는 것은 틀린 말이다. 그냥 '돈'이라고 하든지 '금전', '재물', '재산'이라고 하는 것이 정확한 개념이다. '물질'이라는 말은 돈을 성속(聖俗) 이분법적으로 나눠 저속하게 보려고 하거나 경원시하려는 유교적 혼합주의의 가치관이 배어 있어서 적절치 않다. '물질'이라는 말 속에는 돈이라는 의미가 없다.

- '물질 때문에 시험 들었다' → '돈/금전/재물 때문에 시험 들었다'
- '물질이 적어서…' → '돈이 없어서…', '재산이 적어서…'

용어 바로잡기 ❷ : '부'와 '소유'에 대하여

1. '부': 재산 총액이 얼마인가의 개념(양의 문제). Wealth vs. Poverty
   남보다 많이 가졌거나 일정액 이상 가졌으면 부/부자(wealth)라 하고, 그렇지 않으면 빈곤/가난한 자(poverty)라고 한다.
2. '소유': 무엇을 가졌는가의 개념(내용의 문제). Rich(property) vs. Poor
   집, 땅, 주식, 보석, 별장, 요트, 전용 비행기 등 무엇 무엇을 소유하고 있는가의 문제. 가급적 여러 가지를 높은 차원으로 갖출수록 부하다(rich) 하고, 그렇지 못하면 가난하다(poor) 한다.
   - "무슨 브랜드냐?", "무슨 색이냐?", "몇 평이냐?", "화장실이 몇 개냐?", "넌 그런 것도 없냐?"

위의 두 가지는 경쟁을 부추기고 있다. 절대적 부는 없고 상대적 빈곤만 있다. 사탄의 세계에서 사용하는 개념이다. 모든 사람은 Wealth와 Riches에 이르고자 무한 경쟁을 하며 산다.

용어 바로잡기 3 : '돈(Money)'에 대하여

돈은 가치중립적이다. 선악의 개념이 없다. 다과(多寡)에 의해 가치가 변하지 않는 비경쟁의 개념이다. 성경이 말하는 '돈'은 이 'money'다. 그런데 사탄은 하와가 선악과를 따먹게 한 것처럼 돈에 이상한 가치를 부여하여 사람들로 하여금 돈을 잘못 쓰도록 유혹하고 있다. '돈', '금전', '재물', '재산', '재화'라는 말로 사용하자.

※ 참고

조지 길더가 《부와 빈곤》에서 설명한 '진정한 부의 기준'은 대략 다음과 같이 정리할 수 있다.

1. 창업가 정신으로 이룬 부일 것. animal spirit, 즉 가족과 자신을 먹여 살리기 위해서, 혹은 민족의 생존과 자존심을 위해서 번 돈일 때 '부'라고 한다. 단순히 많이 쌓아 두기 위해서 얻은 것은 아무리 많아도 '부'라고 할 수 없다.

2. 창의적인 연구와 노력의 결과로 얻은 것일 것. 연구와 개발을 통해

끊임없이 개선, 발전시키는 과정의 소산물일 때 '부'라고 한다. 어느 날 갑자기 땅속에서 석유가 쏟아져 나왔다거나 부동산 투기를 해서 떼돈을 벌었다면 이것은 '부'가 아니다.

3. 후손이 자랑스러워하는 부일 것. "그들은 그렇게 할 수밖에 없었다", "나도 그렇게 하겠다" 등 선대가 부를 이룬 방식을 후대가 존중하고 존경할 때 '부'라고 할 수 있다. 그렇지 않으면 아무리 돈이 많아도 '빈곤'이다. 아마도 친일파 후손은 많은 재산을 물려받았어도 '부'를 상속받지는 못했을 것이다.

이상은 어디까지나 버는 방법에 대해서 말하고 있다. 버는 데 주목해서는 하나님의 길을 찾기 어렵다. 하나님은 우리에게 어떻게 쓰느냐의 길을 말씀하고 계신다. 잘 쓰는 데 전념해야 한다.

01
돈을 조종하는 영, 맘몬을 아십니까?

'재물'이라는 단어는 헬라어로 '맘모나스'(Mammonas)입니다. 돈을 관장하는 귀신의 이름이죠. 영어로 '맘몬'(Mammon)이라고 합니다. 하나님과 돈을 겸하여 섬긴다는 말은 하나님을 이용해서 돈을 좀 벌어 보자까지 가 버릴 수 있다는 말입니다. 우리도 그렇지 않나요? 교회를 이용해서, 믿음이나 기도를 이용해서, 하나님을 이용해서, 예수님의 피를 이용해서 돈 좀 벌어 보자 하지 않습니까? 목적을 돈에 두기 때문에 이 두 가지가 필수적인 것이 되고 말았습니다! 하나님과 재물을 겸하여 섬길 수 없습니다. 이것이 하늘의 법입니다. 이 땅에 이미 선포되었기에 변경이 불가한 법입니다.

돈과 하나님을 찾아 항해에 나선 자는
이내 하나님이 없음을 발견하게 될 것이다.
　　　-스미스

성경에서 돈 얘기는 몇 번쯤 나올까?

"성경에서 가장 많이 나오는 단어는 무엇일까요?"

"재물입니다!"

"재물요? 눈치는…! 대학 시험 찍어서 붙으셨군요. ^^"

예, 돈 얘기 무지무지 많이 나옵니다. 그런데 정답은 아닙니다.

어느 날 하나님께서 멋진 아이디어를 떠올리셨습니다. 그것은 바로 자기의 애인을 만들어서 영원히 그와 사랑하며 살고 싶다는 것이었습니다. 그 애인이 바로 인간입니다. 그래서 천지를 창조하셨지요. 산, 나무, 소, 메뚜기, 하늘, 달, 별 등을 만들어 인간이 좋아하게 하셨습니다. 그렇게 세상 모든 것을 다 만든 다음, 연인인 인간을 최고의 작품으로 만드셨습니다. 자, 그런 배경을 가지고 천지를 창조하셨다면 이 성경책에는 무슨 이야기가 나올 것 같습니까? 사랑 이야기죠. 천지 창조의 목적이 '사랑하는 사람 만들기'니까요. 성경책이 바로 그 러브 스토리입니다. 사랑 얘기는 약 700번 나옵니다.

그런데 인간이 죄를 짓더니 하나님을 버리고 다른 남자와 살림을 차렸다면 무슨 얘기가 나올 것 같습니까? 선악과로부터 시작해서 인류 역사 끝날까지 우리의 발목을 붙잡을 죄, 죄의 문제에 대해서 이야기하고 있습니다. 죄 얘기는 약 1,000번 나옵니다. 성경의 주제는 그러므로 사랑과 죄의 이야기라고 해도 과언이 아닙니다.

그런데 죄 지은 인간을 다시 잘 씻어서 구원하시고 믿음 주어 천국에서 다시 연애를 시작하기 위해 예수님을 보내셨습니다. 예수님이 오셔서 주로 무슨 얘기를 하셨습니까? 믿음과 구원입니다. 이 이야기는 350회 정도 나옵니다.

그런데 돈에 대해서는 어느 정도 나올까요? 3,200번 이상 나옵니다. 믿음과 구원 이야기의 거의 10배를 말씀하셨습니다. 천지 창조의 원인인 사랑보다 다섯 배가량 말씀하셨고, 하나님의 가슴을 무너지게 한 죄 얘기보다 세 배 넘게 말씀하신 것입니다! 예수님은 3년간의 공생애 중에 38편의 비유 설교를 하셨습니다. 달란트 비유, 씨 뿌리는 비유, 돌아온 탕자의 비유… 그중에 22편이 돈을 주제로 하거나 돈을 소재로 하고 있습니다. 비중이 무려 60%입니다! 그 짧은 시간에 하실 일이 많았을 텐데도 돈 얘기에 가장 큰 비중을 두신 것입니다. 이런 성경의 밑바닥 정서를 알고 있었습니까?

그렇게 보면 하나님과 주님은 참으로 돈을 밝히시는 분 같습니다. 그렇지 않습니까? 아주 돈을 밝히셨습니다. 왜 이렇게 돈을 밝히셨을까요? 자기가 사랑하는 연인이 돈 때문에 신세 망칠 것을 빤히 아셨기 때문에 그러신 것입니다. 아담이 뱀에게 돈으로 형편없이 당한 것을 잘 아시는 하나님이십니다. 돈은 우리에게 매우 위험한 물건입니다. 우리를 멸망시키기 위해서 사탄이 사용하는 가장 날카롭고 치명적인 최첨단 무기라는 것을 아셨기 때문에 하나님도 예수님도 돈에 대해 애타게 말씀하실 수밖에 없었습니다. 다시는 자기 애인이 돈에게 원통하게 당하지 않기를 간절히 소원하시는 것입니다.

예수께서 공생애를 시작하시면서 마귀의 시험을 받았는데 그 첫 관문이 돈 문제였습니다. '돌로 떡 덩이를 만들라', 먹고 마시는 문제인 것입니다. 마귀가 인간을 속일 때 백발백중으로 내는 문제가 바로 '먹고 마시는 문제'입니다. 이 시험에 오직 예수님만 안 넘어갔습니다. 인간의 최대 약점이 돈 문제라는 것을 만천하에 드러낸 시험 문제였습니다. 예수님은 그런 악한 궤계를 너무나 잘 알고 계실 뿐만 아니라 모든 인간이 그 시험만 나오면 예외 없이, 형편없이 당하고 마는 것을 원통하게 생각하고 계십니다.

성경에 많이 나오는 단어가 뭐냐고 물으니 어떤 분이 '가라사대'가 많다고 대답했습니다. 그래서 제가 조사를 해보지 않았겠습니까? 정말 많이 나옵니다. '가라사대, 말씀하시기를, 이르시되'가 3,000번 이상 나옵니다. 왜 그럴까 생각해 봤는데 성경이 말씀의 책이잖습니까? 다른 종교처럼 교리책이 아니고 하나님의 말씀, 예수님의 말씀으로 된 책이니 당연합니다.

정답은 뭘까요? '하나님'이라는 용어입니다. 하나님, 주님, 여호와, 예수님, 인자, 성령님… 이런 하나님의 칭호가 15,000번 나옵니다.

세상 형편은
어떤가?

성경은 왜 이처럼 돈을 강조할까요? 세상 형편 한번 볼까요? 세계 인구가 현재 70억 명을 넘었습니다. 이중에 밥이라도 먹고사는 인구는 1/4밖에 안 됩니다. 약 17억 5,000만 명이 밥을 먹고 삽니다. 그러니까 3/4은 굶어 죽어 간다는 말입니다. 52억 5,000만 명이나 되는 인구가, 통계에 의하면 지금 1분에 2.5명, 24초마다 한 명이 굶어 죽어 가고 있습니다. 현재 이 세대의 형편이 이렇습니다.

그러면 하나님께서는 참으로 무능한 분이십니다. 그렇지 않은가요? 4분의 3의 인구가 죽어 가도록 내버려 두시다니, 이렇게 무능한 하나님을 여러분은 어떻게 생각합니까? 하나님이 천지를 창조하시고 첫 번째로 축복하시기를 "생육하고 번성하여 땅에 충만하라"(창 1:28)고 말씀하셨습니다. 아브라함과 야곱에게 입만 여시면 너희 자손을 하늘의 별처럼 많게 하겠다, 바닷가의 모래알처럼 많게 하겠다, 복 중의 첫 번째 복이 중다한 백성을 이루는 것이다, 그래서 큰 나라를 만들어 주겠다 하셨습니다. 그렇게 말씀하시던 하나님이 이 세상 인구가 70억이 될 줄은 미처 예상하지 못했던가요? 그런가요? 당연히 아니지요.

하나님은 매년 140억 인구가 먹을 만큼의 식량을 공급하고 계십니다. 세계 인구의 2배 분량을 공급하시는 거지요. 하나님은 공수표를 남발하는 분이 아닙니다. 하나님은 무능하지 않습니다! 하나님은 완전하십니다!

지금도 완전하시고 앞으로도 완전하십니다. 세계 인구가 100억이 되어도 200억 인분의 식량을 주실 것입니다. 그런데 24초마다 사람이 죽어 가는 이유는 무엇입니까?

자, 한번 계산해 봅시다. 현재 140억 인분의 식량을 70억 명의 세계 인구가 어떻게 갈라 먹는지 봅시다.

굶어 죽는 사람들이 하루 한 끼만 먹는다고 칩시다. 사실 하루 한 끼만 먹어도 죽지 않습니다. 그러나 계산하기 좋게 그냥 하루 한 끼, 1/3인분만 먹는다고 칩시다. 70억의 3/4인 52.5억 명이 1/3인분이면 약 17억 인분을 소비합니다. 그러면 1/4의 사람들이 얼마를 소비할까요? 140억 인분에서 17억 인분 소비했으니까 나머지를 이 사람들이 소비하는 것이지요? 123억 인분을 소비합니다. 3/4의 사람들은 0.3인분을 소비하는데 이들은 과연 1인당 얼마를 소비하는 거예요? 123억 인분을 17.5억 명으로 나누면 약 7인분입니다. 7인분은 밥이 몇 그릇일까요? 하루에 21그릇. 하루에 21그릇씩 먹고 있습니다. 하루에 21그릇씩 먹으면 어떻게 될까요? 배 터져 죽습니다. 이 세상에는 지금 배곯아 죽는 사람과 배 터져 죽는 사람, 두 종류밖에 없습니다.

여러분은 1/4에 속합니까, 3/4에 속합니까? 1/4에 속하지요? 어떻게 하루에 밥을 21그릇씩 먹고도 아직 살아 있습니까? 세상은 이처럼 한쪽은 배 터져 죽고, 다른 쪽은 배곯아 죽고 있습니다. 이것을 요즘 말로 '양극화 현상'이라고 합니다.

자, 다음의 그래프를 보세요. 가난한 사람 조금 있고 부자 조금 있고, 대부분은 중산층인 세상이 점점 이상해지더니 뒤집어진 U자 그래프가 되고 있습니다. 가난한 사람 무지무지 많고, 부자도 무지무지 많고, 그러나 중산층은 없는 급격한 사회변혁이 일어나고 있습니다. 이것은 한국뿐 아니라 전 세계가 그렇습니다.

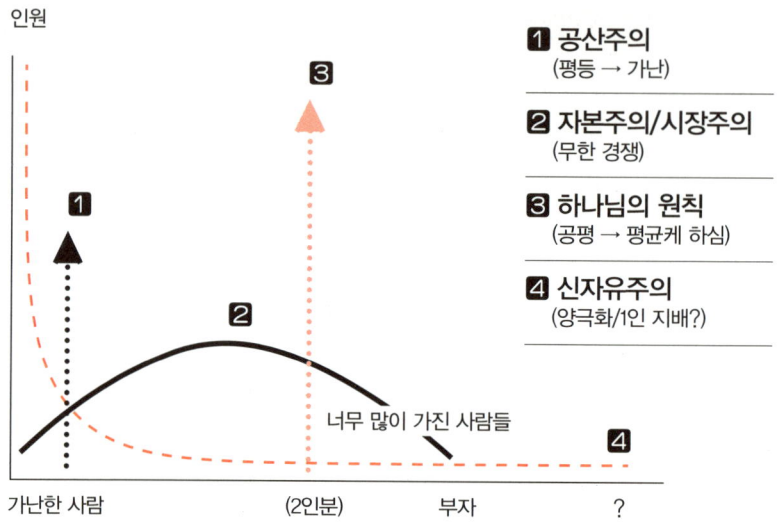

무서운 세상이 지금 오고 있습니다. 3/4에 속하는 이 사람들은 계속 굶어 죽어 갈 것입니다. 1/4의 사람들은 점점 배 터져 죽어 갈 것입니다. 이와 같은 흐름이 더 심해지면 어떤 현상이 벌어질까요? 내버려 두면 3/4이 4/5가 되고 6/7이 될 것입니다. 신자유주의자들은 99/100를 목표로 하고 있습니다. 이때 교회는 어떻게 해야 할까요? 이 같은 현상에 대해 책임감을 가져야 합니다. 전 세계 그리스도인들 수입의 0.8%만 모아도 52.5억 명을 죽음에서 건져 낼 수 있다는 보고가 있습니다. 문제는 커 보이지만 해결책은 의외로 손쉬울 수 있습니다.

문제는 무엇입니까? 하나님이 무능하신 겁니까? 뭐가 문제입니까? 사람들이 악합니다! 어떻게 악할까요? 부자가 부도덕합니다. 통장에 쌓아 두고 혼자서 빼 쓰는 돈을 '아이들 머니'(idle money)라고 합니다. 잠자고 있는 돈이 너무 많기 때문에 죽는 사람이 생기는 것입니다. 돈은 돌고 돌아야 모든 사람한테 기회가 가는데, 부자들의 손에 멈춰 있기에 사람들이 굶는 것입니다.

하나님은 '평균케 하는 것'을 목표로 하십니다. 강한 자가 대부분을 차지하고 가난한 자는 굶어 죽는 그런 세상이 아니라 모두가 2인분을 가지게 되는 그런 세상을 목표로 하십니다. 그것은 많이 가진 자가 가난한 자에게 흘려보냄으로써 가능해집니다.

> "이제 너희의 넉넉한 것으로 그들의 부족한 것을 보충함은 후에 그들의 넉넉한 것으로 너희의 부족한 것을 보충하여 균등하게 하려 함이라"(고후 8:14).

우리나라의 형편은 어떤가?

우리나라의 가계부채는 1,000조를 넘어섰습니다. 1,000조가 어느 정도 돈인지 짐작이 안 되지요? 만 원권 100장 묶음을 100개 쌓으면 1m가 됩니다. 이게 1억입니다. 백두산은 얼마일까요? 2,740억. 그러면 1조는 몇 미터나 될까요? 1만 m입니다. 그런데 1,000조면 높이가 얼마나 될까요? 백두산의 4,000배가량의 돈더미입니다. 이런 어마어마한 빚을 지고 있는 것입니다. 이 돈을 길게 늘어뜨리면 서울에서 뉴욕까지의 거리입니다. 기업이 진 부채 빼고 개인이 진 빚만 계산할 때 이렇습니다. 가처분 소득의 150%를 빚지고 있는 우리나라의 가계부채는 전 세계에서 최고 수준입니다(OECD 평균 77%). 한 가구당 평균 8,000만 원 가까이 빚을 지고 있습니다. '가계부채는 한국 경제의 암 덩어리'라는 별칭이 붙었을 만큼 아주 무서운 상태입니다. 그만큼 은행 장사가 잘 되는 나라입니다.

이렇게 빚이 점점 늘어나는 것은 이 나라가 점점 가난해지고 못살기 때문에 그렇습니까? 점점 부자가 되고 일인당 국민소득이 늘어나는데 빚이 늘어나는 이 괴이한 현상을 여러분은 어떻게 생각합니까? 말이 안 되지 않습니까? 빚이 있다가도 수입이 늘면 빚이 줄어야 되는 것이 상식이죠. 연봉이 늘수록 빚이 늘어나는 이 이상한 현상은 무엇을 말하고 있을까요? 지금 사람들이 미쳤다는 말이에요. 정신을 놓고 돈이 이끄는 대로 끌려가는 처참한 삶을 살고 있다는 증거입니다. 부자가 될수록 가난하게 살고 있습니다. 이상한 판입니다.

신용불량자, 즉 신불자 문제도 심각합니다. 국민의 세금으로 개인 빚을 해결해 주는 이상한 판이 여기서 돌아가고 있습니다. 그들은 돈에게 할퀴어서 인사불성입니다. 신용회복위원회와 자산관리공사의 신용회복 프로그램, 법원의 개인회생제도, 개인파산제도 등으로 일단은 증가세보다는 감소세로 돌아서긴 했습니다. 그러고도 신불자가 아직 200만 명가량이나 됩니다.

지금 이 돈이 우리 사회에서 분탕질을 하고 있기 때문에 많은 사람이 피해를 보고 있는 것입니다. 이와 같은 현상 때문에 가정 파탄이 점점 늘어나고 있습니다. 아버지가 가족에게 석유를 뿌린 뒤 동반 자살을 합니다. 아버지가 집 나가서 서울역의 걸인이 됩니다. 한강에 빠지는 사람들이 빠른 속도로 늘어가고 있습니다. 한강에 '괴물'이 많이 늘었다죠? 몇 년 전에는 29세의 아기 엄마가 복면도 하지 않은 채 은행을 털러 왔습니다. 오죽하면 그랬을까요? 지금 무서운 괴력이 우리를 빨아들이고 있습니다. 정신을 차리십시오! 모든 사람이 그 블랙홀로 빨려들고 있습니다.

우리는 돈의 위험에
너무 많이 노출되어 있다

돈은 이와 같이 우리에게 매우 위험한 물건이고 우리를 죽이려고 무섭게 달려드는데, 지금까지 우리는 아무런 대책도 없이 당하고만 살았습니다. 학교에서도, 가정에서도 돈에 대해 가르쳐 주지 않습니다. 교회에서는 무엇을 가르칩니까? 헌금을 가르치지요. 헌금만 가르쳐서는 어림도 없습니다.

그래서 저는 저를 '세계적인 강사'라고 소개합니다. 교만해 보이지요? 하지만 제가 세계적으로 강의를 잘한다는 뜻이 아니라 전 세계적으로 재정의 원칙을 가르치는 강사가 몇 명 없다는 의미입니다. 그만큼 우리가 매우 위험한 상태이며 아무런 대책도 없이 너무 무책임하게 삶을 영위하고 있다는 의미입니다. 다른 학문은 수많은 석학이 있는데 이 분야를 공부하는 사람은 없습니다. 그래서 너무 위험합니다.

★ **맘몬**(Mammon)

세상이 왜 이렇게 엉망이 되었을까요? 우리는 그 이유를 마태복음 6장 24절 말씀에서 발견할 수 있습니다.

> "한 사람이 두 주인을 섬기지 못할 것이니 혹 이를 미워하고 저를 사랑하거나 혹 이를 중히 여기고 저를 경히 여김이라 너희가 <u>하나</u>

32

님과 재물을 겸하여 섬기지 못하느니라"(마 6:24).

하나님과 재물을 겸하여 섬길 수 없다고 예수님이 직접 말씀하셨습니다. 재정 강사답게 얘기를 하자면 예수님은 이 말씀을 하시려고 하늘에서 맨발로 뛰어오셨습니다.

"하나님과 돈을 함께 섬길 수 없다! 그건 안 된다, 절대로!"

하나님과 돈을 겸하여 섬긴다는 말은 심지어 하나님을 이용해서 돈을 좀 벌어 보자까지 가 버릴 수 있다는 말입니다. 우리도 그렇지 않나요? 교회를 이용해서, 믿음이나 기도를 이용해서, 하나님을 이용해서, 예수님의 피를 이용해서 돈 좀 벌어 보자 하지 않습니까? 목적을 돈에 두기 때문에 이 두 가지가 필수적인 것이 되고 말았습니다!

하나님과 재물을 겸하여 섬길 수 없습니다. 이것이 하늘의 법입니다. 이 땅에 이미 선포되었기에 변경이 불가한 법입니다.

그런데 '재물'이라는 단어는 헬라어로 '맘모나스'(Mammonas)입니다. 돈을 관장하는 귀신의 이름이죠. 영어로 '맘몬'(Mammon)이라고 합니다. 그러므로 이 말씀은 "너희가 '하나님 신'과 '돈 신'을 겸하여 섬길 수 없다"가 됩니다.

하나님과 돈 신을 겸하여 섬길 수 없다! 하나님과 맘몬을 결코 겸하여 섬길 수 없다!

그런데 사람들은 왜 하나님도 섬기고 돈도 섬기려 할까요?

구약을 보면, 하나님은 모세를 세워 이스라엘 백성을 애굽으로부터 이끌어 내십니다. 시내 산에 데려와서 율법을 제정하고 이스라엘 나라의 헌법으로 선포하신 뒤 이스라엘 사람들을 40년간 하나님 나라의 백성으로 특별 훈련시키십니다. 40년 동안이나 그랬으면 여호와 하나님을 믿는 체질이 되었을 것 같지 않습니까?

가나안에 들어간 뒤 20여 년에 걸쳐 하나님 나라의 국토를 회복하시고 땅을 분배해 주셨습니다. 여호수아는 이 일을 마치고 죽으면서 두 가지 유언을 합니다. 여호와 하나님만 섬기라는 것과, 남겨 둔 이방 족속을 진멸하라(헤렘)는 것이었습니다. 하지만 이스라엘 백성은 여호수아가 죽고 나자 여호와 하나님을 헌신짝같이 버리고 이방신들을 섬기기 시작했습니다. 왜일까요? 이스라엘 사람들이 구제불능이라서 그럽니까? 머리가 모자라서 그럽니까? 40년이나 광야 훈련을 받았으면 체질이 됐을 법도 한데 왜 이렇게 쉽게 무너지는 것입니까?

한번 생각해 봅시다. 이스라엘 백성은 척박한 광야에서 무려 40년 동안이나 만나만 먹고 살았습니다. 가나안 땅에 들어와서도 추수하던 날 아침까지 먹었습니다. 그 만나가 맛있었을까요? 먹을 때마다 군침이 돌았을까요? 아침도 만나, 점심도 만나, 저녁도 만나, 그 다음날 아침도 만나, 점심도 만나, 저녁도 만나… 1년 365일, 40년이나 먹은 그 만나가 맛있었을까요? 여러분 같으면 어땠을까요? 은혜, 감사를 되뇌며 맛있게 먹었을 것 같습니까?

가나안 땅에 들어와 보니 그 땅에 사는 족속들은 기름진 쌀밥을 수북하게 담아 한 그릇씩 먹고, 고기도 종류별로 배부르게 먹고, 채소도 종류대로 맘껏 먹고, 주먹만 한 포도알을 쌓아놓고 먹었습니다. 그들의 풍요로운 식탁과 비교할 때 만나는 어땠을까요? "저런 것은 다 사탄 음식이여!"

했을까요? 그들 앞에서 기가 죽지 않았겠습니까?

또 그들의 의복은 어땠을까요? 이스라엘 사람들은 여호와의 도우심으로 출애굽 때 입었던 동물 가죽 옷이 가나안에 입성할 때까지 해지지 않았다고 합니다. 40년간을 하루같이 입은 옷이 예쁘고 좋았을까요? 사시사철 입어도 싫증나지 않고 입을 때마다 감격했을까요? 가나안 사람들은 사시사철 옷이 바뀌고 다양한 색상과 디자인의 옷을 입고 있었습니다. 이스라엘 사람들이 이런 의생활의 격차를 두 눈으로 확인하면서 무슨 기분이 들었을까요? 기가 팍 죽지 않았을까요?

또 주거생활은 어땠을까요? 이스라엘 사람들은 광야 생활 내내 천막생활을 했습니다. 낮에는 40℃가 넘고 밤에는 영하로 떨어지는 맹추위를 오로지 천막 하나로 견뎌야 했습니다. 그들이 양치질을 제대로 했겠습니까, 샤워를 제대로 했겠습니까? 또 화장실은요? 불편하기 짝이 없는 임시 인생을 무려 40년이나 살았습니다. 그런데 가나안 사람들은 돌집에서 살았습니다. 거실이 있고 안방 건넌방이 있고 식탁이 있고 화장실도 따로 있습니다. 이런 문화적 격차를 보면서 무슨 생각을 했을까요? 그래도 "우리는 선민이여! 저런 건 다 사탄 문화여!" 하면서 거드름을 피웠을까요?

그들은 이방 족속을 찾아가서 "너네들 왜 이렇게 잘살아?" 했더랍니다. 그랬더니 그들 왈, "응, 그거? 햇빛을 주는 신이 있고 비를 주는 신이 있고 열매를 맺게 해주는 신이 있어. 그 신들에게 잘 보이면 이렇게 되는 거야. 그런데 잘못 보여서 태풍의 신이 쓸어버리면 끝장이지. 그래서 우리는 그 신들에게 잘 보이려고 날마다 온갖 짓을 다해" 했습니다. 그러니까 "아하~! 그렇구나. 그런 신도 다 있냐? 우리는 여호와 신밖에 모르는데…. 우리도 한번 잘살아 보세"를 외치며 그들의 신을 섬기기 시작한 거죠.

그러면 여호와 신은 어디로 간 것입니까? 그들은 여호와 신은 창조하시고 인도하시고 보호하시고 전쟁에서 대신 싸워 이겨 주시는 그런 용도의 신쯤으로 생각했으므로 이방 신과는 역할이 다르다고 여겼습니다. 이것을 여호와께서 그냥 간과하실 리 없죠. 그래서 그들을 징계하시면 그제야 그들이 돌아서곤 했습니다.

결국 그들은 하나님과 돈 신인 맘몬을 동시에 섬기다가 여호수아의 유언을 지키지 못했고 하나님 눈 밖에 나 처절하게 멸망하고 말았습니다. 이스라엘과 유다는 돈 때문에 망한 것이란 말입니다. 하나님과 맘몬을 동시에 섬기다가 망한 것입니다. 그래서 400년의 암흑기를 보내고 주님이 하늘에서 맨발로 뛰어 내려와 "하나님과 돈 신을 겸하여 섬기지 말라. 너희 조상은 그러다가 망했더란다. 너희도 너희 조상처럼 망하고 싶으냐?" 하신 것입니다.

여기에 한 말씀 더한 것이 마태복음 6장 33절 말씀입니다.

"너희는 먼저 그의 나라와 그의 의를 구하라 그리하면 이 모든 것을 너희에게 더하시리라."

이것이 뉴버전(new version)입니다. 이 말씀은 마태복음 6장 24절을 보충하는 말씀으로, 돈이 우리 수중에 들어오는 법칙을 알려 주고 있습니다. 이방신을 섬겨야 돈이 생기는 줄 아는 그들에게 진짜 방법을 가르쳐

36

준 것입니다. 우리에게 돈이 들어오는 길은 하나밖에 없습니다. '그의 나라와 그의 의를 구하면' 돈은 부록처럼 자동으로 따라온다는 것입니다.

왜 하나님과 돈을 겸하여 섬기지 말라고 하셨을까요? 돈은 하나님의 고유 권한 아래에 있기 때문에 인간의 어떤 노력이나 능력으로는 단 한 푼도 움직일 수 없습니다. 잡신 역시 돈을 움직일 수 없습니다. 하나님만 잘 따르면, 먼저 그의 나라와 그의 의를 구하면, 그 다음은 하나님께서 책임져 주시겠다고 하십니다. 이 길로만 돈이 들어옵니다. 그런데 이스라엘 백성은 이방신을 이용해 "돈 먼저 주세요. 그러면 나라와 의를 구할게요" 한 것입니다. 참 고약한 인간들이죠? 그래서 망한 것입니다.

가나안 족속들의 기름진 생활을 보자 이스라엘 백성은 그동안 만나와 단벌옷으로만 만족하던 자신의 모습이 한없이 초라하게 느껴져서 돈, 돈 하면서 돈 벌러 뛰쳐나갔습니다. 여호와를 팽개치고 돈 벌러 뛰쳐나간 것입니다. 40년 광야 특훈이 말짱 허탕이 되고 말았습니다.

맘몬은 돈을 가지고 모든 사람을 종 삼아 버립니다. 사람들은 하나님을 믿더라도 돈은 믿음과 별개의 것이라고 생각합니다. 맘몬은 우리의 이 같은 생각을 계기 삼아 하나님과 돈의 순서를 바꿔 놓습니다. 맘몬이 쾌재를 부르는 순간입니다.

맘몬은 어떤 존재입니까? 사탄의 졸개입니다. 그러므로 맘몬은 사탄의 속성을 가졌습니다. 사탄은 진리를 가장해서 속이고 사람들 사이를 이간질해서 원수 지게 만듭니다. 맘몬은 돈으로 진리를 가장하고 돈으로 이간질해서 원수지간이 되게 만듭니다.

맘몬은 우리를 어떻게 속이는가?

맘몬은 첫째, '하나님보다 돈이 더 중요하다. 그러니 돈을 사랑하라'며 우리를 속입니다. 돈은 눈에 보입니다. 반면에 하나님은 눈에 보이지 않습니다. 손에 쥔 현찰은 어린아이도 알고 좋아합니다. 그러니 사람들이 돈을 더 중요하게 여기는 것은 당연해 보입니다. 누구나 하나님보다 돈을 더 절실하게 필요로 합니다. 우리는 이 묶임에서 빠져나오기가 참 어렵습니다.

성경은 돈을 사랑하지 말라면서 하나님을 사랑하는 자가 복되다고 말씀합니다. 말씀을 주야로 묵상하는 자가 복되다고 합니다(시 1:1-2). 그런데 맘몬은 하나님도 말씀도 쓸데없고 돈이 최고라고 합니다. 그랬더니 아담 할아버지부터 지금까지 동서고금을 막론하고 모든 족속이 돈보다 더 좋은 게 없다는 DNA가 들어가게 되었습니다. 그래서 우리도 돈을 하나님보다 더 사랑합니다. 아무리 거룩한 척해도 돈 앞에서는 쉽게 무너집니다. 사람은 누구든지 의지와 상관없이 돈을 좇습니다. 또 무슨 일을 하든지 돈의 논리로 의사결정을 합니다.

돈의 논리란 무엇입니까?

1. 돈이 되니까 하고 돈이 안 되니까 하지 말자 합니다. 돈벌이가 의사결정의 가장 중요한 요소입니다. 심지어 돈이 된다면 목숨을 걸기도

합니다.
2. 돈이 있으니까 하고, 돈이 없으니까 하지 말자는 것도 돈의 논리입니다. 사람의 목숨보다, 의리나 정의보다 돈을 우선시하는 것입니다.
3. 복잡하니까 하지 말고 간단하니까 하자고 합니다. 이것도 돈의 논리입니다. 복잡하다는 것은 돈도 많이 들고 고생도 심하지만 이득은 별로 없다는 얘기입니다.

빠른 시간에 별 힘 들이지 않고 돈을 번다면 '경제적'이라고 합니다. 맘몬의 논리죠. 그런데 어떻게 모든 것을 '경제적 논리'로만 판단할 수 있겠습니까? 의리도 필요하고 인간의 도리도 중요합니다. 상황과 여건도 고려해야 합니다. 오로지 경제적 논리로만 따진다면 세상은 밥맛입니다. 돈의 눈치를 살피는 곳에는 인간미가 없고 인간미가 없으면 살맛이 나지 않는 법입니다.

돈이 삶의 기반을 온통 차지해서 돈의 말을 듣지 않고는 안 되게 돼 버렸습니다. 그런데 돈은 '돈의 논리'가 아니라 '필요에 따라' 결정해야 합니다. 필요하면 하고, 필요 없으면 하지 않는 것이어야 합니다. 이것을 '돈의 논리'와 대비되는 개념으로 '필요성의 원리'라고 합니다. 필요성의 원리란 돈이 우리를 부리는 것이 아니라 우리가 돈을 부리는 원리입니다. 돈의 형편을 먼저 따지는 것은 돈의 눈치를 보는 것인데, 필요성의 원리는 돈의 눈치는 아랑곳 않고 사람과 일의 눈치를 살피는 것이지요. 그 사람에게 도움이 되고 필요한 것이냐, 이 일에 도움이 되고 필요한 것이냐를 따져서 결정하는 방식입니다. 만일 돈이 모자라거나 없을 때, 일이 되게 하기 위해서 상황을 바꾸는 것이 아니라 돈을 움직이는 것입니다. 이것이 돈을 사랑하라는 맘몬의 명령을 깨뜨리는 방법입니다.

앞으로는 돈의 논리가 아니라 필요하니까 돈을 쓰고, 필요 없으니까 돈을 쓰지 않는 필요성의 논리로 돈을 부리기 바랍니다. 돈의 종이 되지 말고 돈의 주인이 되기 바랍니다. 하지만 쉽지 않죠. 지금은 그러겠다고 마음먹지만 돌아서면 '돈만 생긴다면야' 하며 곧바로 돈의 노예가 되기 십상이죠. 그러니 정신을 차려야 합니다. 세상은 부지불식간에 돈의 논리로 가고 있고, 우리 역시 돈을 사랑하지 않으면 안 되는 세상에서 살고 있습니다. 무서운 속임수를 깨지 않으면 안 되는 것입니다.

둘째, 맘몬은 '돈이 행복하게 해준다'고 우리를 속입니다. 돈이 우리를 행복하게 해줍니까? 그렇습니다. 좋은 옷이나 물건을 사면 행복합니다. 회사에서 보너스를 많이 주면 얼마나 기쁜지 모릅니다. 좋은 옷 사 입고, 보너스가 많이 생겨서 행복하다고 하는 것은 자연스런 모습입니다. 이것을 두고 속물이라고 비난해선 안 됩니다. 하나님은 우리를 행복하게 해주려고 돈을 만들어 주셨습니다.

문제는 무엇입니까? 모든 행복이 돈으로부터 온다고 믿는 것입니다. 돈의 양에 따라 행복의 양이 비례한다고 생각하는 것이 문제입니다. 맘몬은 행복의 맛을 안 우리를 끌고 다니며 "더 큰 행복을 얻으려면 더 많은 돈이 있어야 한다"고 속임수를 씁니다. 과연 행복과 돈은 비례할까요?

하지만 돈맛을 모르는 가난한 나라의 행복지수는 높은 반면, 돈맛을 많이 본 경제대국일수록 행복지수가 낮습니다. 이것은 무엇을 말해 줍니

40

까? 맘몬은 돈맛을 보여 준 다음 불행의 구렁텅이로 우리를 끌고 갑니다. 더 행복해지려고 더 많은 돈을 벌고자 발버둥치는 모습을 상상해 보십시오. 거룩해 보입니까? 고상합니까? 행복해 보입니까? 지금보다 돈이 좀 더 있으면 행복할 것 같나요? 저 큰 아파트에 사는 사람은 얼마나 행복할까 싶나요? 과연 그럴까요?

돈이 행복하게 해주는 것, 맞습니다. 그런데 행복이 돈으로 해결됩니까? 안 됩니다. 왜 안 될까요? 여기서부터가 문제입니다.

지금까지 철학자나 목사님들은 인간의 끝없는 욕심이 행복해질 수 없게 만든다고 했습니다. 그러나 그것은 틀린 설명입니다. 왜 그렇습니까? 하나님께서 우리를 아주 크게 지으셨기 때문입니다. 아파트 수십 채에 돈 자루를 쏟아부어도 우리 존재의 한 귀퉁이도 차지하지 못할 만큼 크게 지으셨습니다. 우리는 그만큼 대단한 존재입니다. 왜 그렇게 크게 지으셨을까요? 바리바리 많이 주고 싶어서입니다. 우리를 향한 하나님의 사랑은 그만큼 크십니다.

그런데 맘몬이 속임수를 써서 하나님의 사랑을 보지 못하게 합니다. 우리를 돈보다 하찮은 존재로 전락시킵니다. 하지만 돈이 아무리 많아도 우리를 만족시킬 수 있습니까? 못합니다. 그것으로는 우리 존재의 한 귀퉁이도 차지하지 못하기 때문입니다. 그러나 하나님이 주시는 기쁨, 사랑, 구원, 믿음, 영생, 평강, 천국으로는 채우고도 남습니다. 성경은 돈을 가리켜 '지극히 작은 것'이라고 했습니다. 이런 까닭입니다.

그동안 우리는 영원히 행복해지지 못하는 마법에 걸렸습니다. 억울하고 통탄스러운 일입니다. 하나님을 믿는 사람들도 행복을 위해 교회에 나옵니다. 그리고 그 행복을 돈으로, 소유로 채우려 듭니다. 믿음과 하나님을 소유를 채우는 수단으로 여기면서요. 기도도 예배도 봉사도 헌금도 죄다 복 받기 위해서 합니다. 교회는 복 주는 곳이 돼 버렸습니다. 푸닥거리 무당집이 됐습니다.

집 없이 전전하던 사람이 10평짜리 아파트를 사면 기분이 어떨까요? 그야말로 기분이 째지죠. 꿈인지 생시인지 싶어 집 안 구석구석을 쓸고 닦으며 좋다, 좋다 합니다. 심지어 밤에 잠도 제대로 못 잡니다. 그런데 이 꿈만 같은 행복이 얼마나 지속될까요? 만일 이 사람이 한 달 두 달이 지나도 밤에 잠을 못 자며 좋아한다면 어떻게 해야 합니까? 정신병원에 가야 하지 않겠습니까? 집 산 지 1년이 지나면 그새 불평이 생깁니다. '집이 왜 이렇게 구질구질한 거야? 내가 이것밖에 안 되나?' 그래서 35평 아파트를 분양받아 이사갑니다. 기분이 어떨까요? 뿅 갑니다! 너무 좋아 쓸고 만지고…. 하지만 1년 지나면 또 불평합니다. 그래서 100평 아파트로 이사 갑니다. 어떻게 될까요? 우와, 몽롱~ 합니다! 그러나 이것도 1년이 채 가지 못합니다. 이처럼 돈은 우리를 일시적으로 행복하게 해줄 수는 있지만 영원히 행복하게 해주지는 못합니다.

정말 행복하고 싶습니까? 여기 어마어마한 것이 있습니다. 믿음, 구원, 기쁨, 사랑, 천국, 영생… 이것을 바라보십시오. 영원히 다함 없는 행복을 누리게 됩니다. 돈으로는 절대 행복을 다 채울 수 없습니다.

셋째, 맘몬은 '돈만 있으면 모두 해결된다'고 속입니다. 돈이 큰일을 할 수 있습니까? 못한다고요? 아닙니다. 아플 때 돈이 있어야 병원에 갑니다.

42

돈이 있어야 아이들 공부도 시키고 결혼도 시킵니다. 집도 살 수 있습니다. 부모님 용돈도 드릴 수 있고요. 하여간 돈이 하는 일은 많습니다.

문제는 무엇입니까? '돈이면 무슨 일이든지 할 수 있다', '돈만 있으면 어떤 사건도 해결할 수 있다'고 생각하는 것입니다. 돈이 주는 혜택을 충분히 누리되, '모두 다' 해결해 준다는 속임수에는 넘어가면 안 됩니다. 맘몬은 우리를 위협하며 공포심을 조장합니다. "너 인생 살다 보면 무슨 일이 일어날지 몰라. 그때 돈 없으면 큰일 나는 거야!" 그러면 무서워서 단무지 하나 놓고 밥을 먹기 시작합니다. 거지같이 사는 겁니다. 왕 같은 하나님의 자녀가 말입니다. 마치 노예선에서 노를 젓는 노예처럼 돈 모으는 일에만 급급합니다. 아끼고 아끼면서 근근이 삽니다. 하나님은 자녀들이 충분히 먹고 살기를 원하시며 그렇게 하십니다. 그러므로 사탄에게 속아서 처참한 몰골로 살지 마십시오. 지나치게 아끼면 가난해집니다.

"흩어 구제하여도 더욱 부하게 되는 일이 있나니 과도히 아껴도 가난하게 될 뿐이니라"(잠 11:24).

맘몬은 사건이 발생하면 반사적으로 돈으로 해결하려는 습관을 우리 속에 심어 놓았습니다. 예를 들어 봅시다. 오늘 일과를 마치고 귀가하는데 경찰서 강력반장으로부터 급한 전화가 걸려옵니다. "당신 아들, 강도질하다가 지금 경찰서에 잡혀와 있으니 당장 출두하시오" 하면 여러분의 머리는 어떻게 돌아갑니까? 자동입니다. '돈 얼마 있어야 빼낼 수 있을까?' 아니면 '누구 백 동원해서 빼낼까?' 그럽니다. 돈이면 무슨 일이든지 해결할 수 있다는 맘몬의 마법에 걸려 있다는 증거입니다. 기도부터 해야 한다고요? 나는 지금까지 그렇게 하는 사람을 본 적이 없습니다. 헐레벌떡 돈을 마련하고 나서, 이리저리 동원할 거물과 연결한 다음에, 정신 좀 들었을 때 기도하자, 하던데요? 그래서 사건이 난 곳에는 더러운 돈 거래가 난무합니다. 빚을 지게 되거나 살인하거나 의리를 배반하거나 자살로 달려가기도 합니다. 돈의 논리가 흘러가는 수순들이죠.

그러면 이런 일이 일어나면 어떻게 해야 합니까? 먼저 하나님 앞에 나가야 합니다. 먼저 하나님의 작전 지시부터 들어야 합니다. 큰 사건일수록, 복잡한 문제일수록 돈이 아니라, 사람이 아니라, 하나님부터 찾아야 합니다. 하나님의 백을 동원해야 합니다.

우리 인생은 맘몬이 속이는 대로 가급적이면 불안하게, 불행하게 디자인되었을까요? 아닙니다. 하나님이 우리 아버지인데 왜 불행하게, 불안하게 디자인되었겠습니까? 그것은 사탄의 속임수일 뿐입니다. 설령 문제가 발생하더라도 하나님은 그때 그때 피할 길을 주시는 분입니다. 그러므로 미래의 불확실한 불행을 지금부터 대비하려고 돈의 노예가 되어 살지 맙시다. 저축하라, 보험에 가입하라, 닥쳐 올 불행을 대비하라고 끊임없이 불안을 조성하고 있다면 맘몬의 계략임을 분별해야 합니다. 돈 모으기에만 급급한 인생, 돈으로 해결해 보려는 치사하고 야비한 생각, 이제 버려야 합니다.

아무리 무거운 죄를 지었어도 돈만 있으면 무거운 형벌에서 빠져나오고, 돈만 주면 자리도 사는 세상입니다. 돈 주고 세금 탕감 받고, 돈 주고 승진하고, 돈 주고 공사 따고, 돈 주고 성적도 삽니다. 돈으로 장로도 됩니

44

다. 돈이 있는 곳은 썩습니다. 그러면 당사자는 물론 관련된 모든 사람이 흙탕물을 뒤집어쓰고 악취에 시달립니다. 다 더러워집니다.

돈으로 해결되는 일이 있습니다. 그러나 그것은 모두 악한 일입니다. 악한 일에는 반드시 돈이 필요합니다. 돈 없이는 일이 안 됩니다. 반면에 착한 일은 돈과 상관없습니다. 선한 일에 열심을 다하면 돈은 그리 필요하지 않습니다.

교회 안에 자본주의, 황금만능주의 풍조가 만연합니다. 특히 대형교회에서 돈은 지존입니다. 그 첫걸음이 교회를 크게 건축하는 것인데, 돈이라는 해결사를 모시고 쉽게 해결하려고 하지요. 건물이 완공되면 그 다음은 돈이 당회장도 하고 설교자도 되고, 제직회 회장도 됩니다. 자기 마음대로입니다. 교회는 꼼짝 못하고 끌려갑니다. 100억을 들여 교회를 건축했다면 그로 인해 생긴 빚을 10년 안에 갚는다고 했을 때 총 150억이 필요합니다. 20년 안에 갚는다면 줄잡아 200억이 듭니다. 그러면 교회는 은행의 지점이 되고 맙니다. 은행의 종이 되어 꼼짝없이 다 갖다 바쳐야 합니다. 돈은 이런 일을 합니다.

선교도 돈이라는 해결사를 앞세우면 간단합니다. 20년, 30년 걸려서 선교사 가정 한둘을 파송하는 그런 멍청한 짓을 왜 합니까? 목사가 선교 명목으로 큰돈을 들고 나갑니다. 그리고 한 지역에 가서 최고급 호텔을 잡아 놓고 현지 선교사들을 모두 모아서는 최고급 요리를 먹이고, 최고급 호텔에서 재운 다음 돌아갈 때는 돈을 보따리로 쥐어 줍니다. 그리고 이렇게 말합니다. "지금부터는 우리 교회 소속 선교사야, 알았지?" 선교, 참 쉽죠잉~! 돈 해결사는 이런 식으로 일을 합니다. 돈이 선교도 해주는 시대입니다.

넷째, 맘몬은 '네가 가진 것은 네 것이다'고 우리를 속입니다. 내가 사는 집, 내 것 맞지요? 통장에 든 돈도 내 것 맞지요? 내 것은 다 내 것 맞지 않습니까? 천만에요. 모두 하나님 것입니다. 내 것이라고 생각하는 순간, 사람이 어떻게 되는 줄 압니까? 아주 치사해지고 인색해집니다. 돈의 논리는 사람을 치사하고 아주 좀스럽게 만듭니다. '인색함', 그것은 아주 고약한 것입니다. 사탄과 비슷합니다.

맘몬은 우리를 하나님 것을 내 것이라고 우기는 뻔뻔한 날강도들로 만들어 버렸습니다. 하나님 것을 훔쳐서 자기 것이라고 우기니 이보다 더한 몰염치도 없습니다. 더 가관인 것은 하나님을 이용해서 자기 소유를 더 늘리려는 것입니다. 이미 하나님 것을 훔쳐서 자기 것인 양 주인 노릇 하고 있으면서 한 술 더 떠 하나님을 이용해 하나님 것을 훔치려는 것입니다. 아주 고약한 모습입니다.

다섯째, 맘몬은 '똑똑하게 잘 따지라'고 우리를 속입니다. 가장 잘 따지는 게 뭡니까? 제일 싼 값에 사서 제일 비싼 값에 파는 것 아니겠습니까? 그런데 이런 일이 가능할까요? 상대를 속이거나 강탈하지 않으면 불가능한 일입니다.

'똑똑하게 잘 따지라'는 말은 계산을 똑바로 하라는 것입니다. 그런데 따지고 또 따지면 어떤 일이 벌어질까요? 사이가 멀어집니다. 심지어 원수가 되기도 합니다. 맘몬은 돈만 개입되었다 하면 따지고 또 따지라고,

46

너 죽고 나 사는 방법을 연구해 내라고 속삭입니다. 그래서 우리는 돈 문제만 개입되면 따지는 데 도사가 됩니다. 학창 시절 그렇게 셈하는 것을 싫어하던 사람도 아주 똑똑하게 따지고 듭니다. 밤잠을 설치면서까지 치열하게 따집니다. 그래서 돈 문제만 개입되면 원수가 되고 심지어 살인까지도 합니다. 그러나 천국은 거저 주고 거저 받습니다.

"형제간에 돈 거래 하지 말라"는 말도 있죠? '사람 잃고 돈 잃는다'면서요. 돈 있는 곳에 다툼이 있고 분열이 있습니다. 돌아가신 아버지를 땅속에 묻고 와서 그날 저녁 형제들끼리 칼부림이 납니다. 유산 때문입니다. 아들이 장가가는 날 아들과 아버지가 소송으로 붙습니다. 축의금이 누구 거냐고 따지느라고요. 고관대작의 집은 축의금이 억 단위로 들어온다지요. 그러니 부모도 자식도 보이지 않는 겁니다. 돈이 개입되면 형제지간도 부자간에도 부부간에도 다툼과 분열이 일어납니다. 맘몬은 이렇게 괴악한 짓을 합니다.

제가 다니던 교회에서 이런 일이 있었습니다. 큰 부잣집에서 아버지가 돌아가시자 수백 억의 유산이 남겨졌습니다. 어느 날 동생 부부가 목사님을 찾아왔습니다. "목사님, 제 형더러 5,000만 원만 포기하라고 해주세요." 수백 억 중에 5,000만 원이면 껌 값에 불과한데, 그 껌 값 때문에 형제간에 소송이 일어난 겁니다. 나중에 동생이 안 보여서 물어 봤더니 소송에 져서 이민을 가 버렸다고 합니다. 돈은 이렇게 무서운 것입니다.

'형제간'에는 턱없이 손해를 봐도 허허 웃고, 말도 안 되는 이익을 차지했어도 서로 박수 쳐주고 기뻐해야 합니다. 형제지간에 따지고 또 따지면 안 됩니다. 그것은 돼먹은 버릇이 아닙니다. 남들과의 거래라면 '상호주의'가 맞습니다. 똑똑하게 따져서 줄 것 주고 받을 것 정확하게 받아야 합니다. 그런데 기독교는 그런 '남'도 '이웃'이라 하여 형제처럼 하라고 가르치고 있습니다. 서독은 동독을 끌어안고 통일했다가 경제가 힘들어져서 망할 뻔했습니다. 그런데 통일하면 당연히 그럴 줄로 알아야 합니다. 형제지간이니까 허리띠 졸라매는 것은 매우 고상한 일입니다. 자기 핏줄 살리느라 허리띠 동여매는 것은 거룩하고 존경받을 만한 일입니다.

하나님은 왜 돈을 만드셨을까요? 사람을 살리는 데 쓰라고 만드셨습니다. 인간관계를 원활하게 하라고 주신 것입니다. 그런데 그 돈으로 우리는 사람을 속이고 온갖 포악과 더러운 꾀를 내고 있습니다. 내 이득을 위해 얼마나 많은 불법을 저질렀습니까? 사탄이 따지고 또 따지라고 말한 대로 한 결과입니다.

우리는 돈만 만졌다 하면 위의 다섯 가지 행태가 자동으로 나옵니다. 그중에서 처음 세 가지, 즉 하나님보다 돈을 사랑하는 것, 오직 돈이 있어야 행복할 수 있다는 것, 모든 일의 해결사는 돈이라는 것이 개인의 내적인 문제라면, 나머지 두 가지, 즉 인색함과 따지는 것은 공동체의 문제입니다. '인색병'과 '따지는 병'은 아주 고약해서 인간관계를 망가뜨리고 세상을 어지럽게 만듭니다.

돈에 속임을 당한 성경의 인물들

말씀을 통해서 몇 가지 사례를 살펴보겠습니다.

★ 부자와 거지 나사로

"한 부자가 있어 자색 옷과 고운 베옷을 입고 날마다 호화롭게 즐기더라 그런데 나사로라 이름하는 한 거지가 헌데 투성이로 그의 대문 앞에 버려진 채 그 부자의 상에서 떨어지는 것으로 배불리려 하매 심지어 개들이 와서 그 헌데를 핥더라 이에 그 거지가 죽어 천사들에게 받들려 아브라함의 품에 들어가고 부자도 죽어 장사되매 그가 음부에서 고통 중에 눈을 들어 멀리 아브라함과 그의 품에 있는 나사로를 보고 불러 이르되 아버지 아브라함이여 나를 긍휼히 여기사 나사로를 보내어 그 손가락 끝에 물을 찍어 내 혀를 서늘하게 하소서 내가 이 불꽃 가운데서 괴로워하나이다 아브라함이 이르되 얘 너는 살았을 때에 좋은 것을 받았고 나사로는 고난을 받았으니 이것을 기억하라 이제 그는 여기서 위로를 받고 너는 괴로움을 받느니라"(눅 16:19-25).

부자와 나사로 이야기입니다. 이 이야기를 통해 예수님이 하시고자 한 말씀은 무엇입니까? 부자는 무슨 죄목을 쓰고 지옥에 갔을까요? '인색죄'입니다. 하나님 것을 자기 것처럼 썼습니다. 자기 이름을 높이고 체면을 살리는 데 썼습니다. 돈이 행복하게 해준다고 믿는 죄목도 있습니다. 하나님이 무슨 목적이 있어서 그에게 많은 것을 맡겼는데 그가 이 하나님의 뜻을 살펴 돈을 썼다는 대목은 없고 비싼 옷 입고 비싼 파티 열면서 행복을 좇았습니다. 흔히 우리가 범하는 죄입니다.

★ 아나니아와 삽비라 부부

"사도들이 큰 권능으로 주 예수의 부활을 증언하니 무리가 큰 은혜를 받아 그 중에 가난한 사람이 없으니 이는 밭과 집 있는 자는 팔아 그 판 것의 값을 가져다가 사도들의 발 앞에 두매 그들이 각 사람의 필요를 따라 나누어 줌이라 구브로에서 난 레위족 사람이 있으니 이름은 요셉이라 사도들이 일컬어 바나바라(번역하면 위로의 아들이라) 하니 그가 밭이 있으매 팔아 그 값을 가지고 사도들의 발 앞에 두니라 아나니아라 하는 사람이 그의 아내 삽비라와 더불어 소유를 팔아 그 값에서 얼마를 감추매 그 아내도 알더라 얼마만 가져다가 사도들의 발 앞에 두니 베드로가 이르되 아나니아야 어찌하여 사탄이 네 마음에 가득하여 네가 성령을 속이고 땅 값 얼마를 감추었느냐 땅이 그대로 있을 때에는 네 땅이 아니며 판 후에도 네 마음대로 할 수가 없더냐 어찌하여 이 일을 네 마음에 두었느냐 사람에게 거짓말한 것이 아니요 하나님께로다 아나니아가 이 말을 듣고 엎드러져 혼이 떠나니 이 일을 듣는 사람이 다 크게 두려워하더라"(행 4:33-5:5).

한 레위인이 자기 부동산을 팔아서 사도들 앞에 드리는 것을 소개하고 있습니다. 그것을 보고 도전을 받은 아나니아와 삽비라 부부도 값나가는 부동산을 팔아서 사도 앞에 놓기로 결심하고, 팔아서 갖다 놓습니다. 사실 레위인이면 가난한 사람입니다. 그런데 그가 큰 재산을 내놓았으니 주변 사람들이 놀라며 존경했을 것입니다. 아나니아와 삽비라 부부는 부자였던 모양입니다. 별로 갈등하지 않고 재산을 내놓기로 마음먹은 것을 보면 말입니다.

그런데 문제가 생깁니다. 소유를 팔아 돈을 받고 보니 아깝다는 생각이 든 것입니다. 그래서 일부를 착복하게 됩니다. 그러나 팔자고 마음먹은 순간, 그 돈은 이미 하나님의 것입니다. 그런데 그중 일부를 감췄다는 것은 횡령죄에 해당합니다. 별로 가난한 것도 아닌데 탐욕을 따라 자기네 필요를 핑계 댄 것입니다. 이것이 맘몬의 고등한 수법입니다. 하나님과 한 약속을 깨뜨리면서까지 자기의 꾀를 좇는 것이 타당하며 합리적이고 불가피하며 현실적이라고 속이는 것입니다. 그랬더니 어떻게 되었습니까? 하나님을 속인 죄로 인하여 그 자리에서 죽고 맙니다.

아나니아와 삽비라 부부는 어느 죄목에 해당합니까? 우리의 어떤 약점과 맞닿아 있습니까? 돈을 보는 순간 머릿속으로 계산하는 모습이 같지 않습니까? '꼭 다 드려야 돼? 꼭 드릴 필요가 있을까?' 바로 따지는 병입니다. 합리적이고 현실적인 것 같습니다. 맘몬이 흔들어 놓는 명분들입니다. 아나니아와 삽비라 부부의 모습은 우리와 다르지 않습니다.

★ 부자 청년

"예수께서 길에 나가실새 한 사람이 달려와서 꿇어 앉아 묻자오되 선한 선생님이여 내가 무엇을 하여야 영생을 얻으리이까 예수께서 이르시되 네가 어찌하여 나를 선하다 일컫느냐 하나님 한 분 외에는 선한 이가 없느니라 네가 계명을 아나니 살인하지 말라, 간음하지 말라, 도둑질하지 말라, 거짓 증언 하지 말라, 속여 빼앗지 말라, 네 부모를 공경하라 하였느니라 그가 여짜오되 선생님이여 이것은 내가 어려서부터 다 지켰나이다 예수께서 그를 보시고 사랑하사 이르시되 네게 아직도 한 가지 부족한 것이 있으니 가서 네게 있는 것을 다 팔아 가난한 자들에게 주라 그리하면 하늘에서 보화가 네게 있으리라 그리고 와서 나를 따르라 하시니 그 사람은 재물이 많은 고로 이 말씀으로 인하여 슬픈 기색을 띠고 근심하며 가니라"(막 10:17-22).

부자 청년이 예수님 앞에 나와서 큰소리쳤습니다. "내가 모든 계명을 다 지켰습니다." 그러자 예수님은 "천국 보화 가질래, 세상 보화 가질래? 네가 가지고 있는 것은 땅의 보화인데 그것이 천국 보화가 될 수 있단다. 방법이 뭐냐고? 그걸 전부 가난한 사람들에게 주는 거야" 했습니다. 예수님의 말씀을 듣자마자 그는 마음속으로 외쳤을 것입니다. '미쳤어?' 그에

52

게는 눈에 보이는 보화가 눈에 보이지 않는 보화보다 중요했습니다. 그는 계명을 다 지켰어도 구원받지 못했습니다. 재산을 나눠 주지 않아서가 아니라 보이지 않는 천국 보화를 볼 줄 몰랐기 때문입니다.

　이 사람은 무슨 죄를 지었을까요? 하나님보다 돈을 훨씬 사랑했지요? 또 '내가 가진 것은 내 것이다' 하는 죄를 지었고, '어떻게 재산을 모두 팔아 아무 조건 없이 가난한 사람들한테 줄 수 있어?' 하는 인색병에 걸려 들었습니다. 우리도 이 청년처럼 잘 보이지 않는다는 이유로 천국 보화를 놓치고 있습니다. 이 부자 청년의 비유는 떡덩이 두 개를 쥐고 있는, '하나님과 맘몬을 동시에 섬기는' 신자들을 촌철로 살인하고 있습니다.

하나님 앞에 나아가
죄를 고백하자

지금까지 우리가 맘몬에 속아 산 것을 하나님 앞에 나아가 정직하게 인정하고 고백했으면 좋겠습니다.

1. 하나님 제가 죄인입니다. 사실 하나님보다 돈을 더 사랑한 죄인입니다.
2. 저는 돈으로 행복의 문제를 전적으로 해결해 보려고 했던 죄인입니다. 하나님 없는 행복을 돈으로 추구했습니다.
3. 돈이면 무엇이든 다 된다는 그 믿음을 따라 미래에 닥칠 불행을 두려워하며 돈을 모으는 데 전심전력 했습니다.
4. 제가 가진 것은 하나님의 것인데 제 것인 줄로 알고 최대한 인색하게 살았습니다.
5. 따지고 또 따지면서 원수지기를 마다하지 않았고, 수단 방법을 가리지 않고 남의 것을 빼앗았습니다.

하나님 앞에 이렇게 정직하게 고백함으로써 이 문제를 해결했으면 좋겠습니다. 주께서는 약속하고 계십니다. 자기의 죄를 고백하면 묻지도 따지지도 기억지도 않고 즉석에서 무조건 용서해 주신다고요. 그러므로 우리 죄를 고백합시다. 이때 주의할 점은 총괄적으로 고백하지 말고 구체적

54

으로 낱낱이 고백해야 한다는 것입니다.

"저는 죄를 많이 졌습니다. 용서해 주세요"라든지 "저는 돈을 잘못 사용하였습니다. 저를 용서해 주세요" 식으로 하지 말고, 구체적인 사건을 가지고 고백하기 바랍니다.

자, 이제 주변 분들에게 이렇게 선포하십시오.

"형제님(자매님)은 맘몬으로부터 해방되었습니다!"

맘몬과 영적 전쟁을 해야 한다

맘몬의 통치를 벗어나야 합니다. 맘몬의 종노릇을 청산해야 됩니다. 그러려면 영적 전쟁을 해야 합니다. 영적 전쟁은 나의 영적 능력으로 하는 것이 아니라 예수 그리스도의 이름으로 하는 것입니다. 나의 목소리와 권세로 하는 것이 아닙니다. 예수 그리스도라는 이름의 권세로 하는 것입니다. 그리고 맘몬을 향해서 하는 것입니다. 다음과 같이 하면 됩니다.

"맘몬아, 내가 예수의 이름으로 명하노니 내게서 떠나라"(약 4:7 참고).

이번에는 다른 형제 자매와 함께 서로 손을 얹고 서로를 향해서 대적합시다.

"맘몬아, 내가 예수의 이름으로 명하노니 ○○○ 형제(자매)에게서 떠나라!"

이것은 실전이며 아주 유효한 전쟁입니다.

이제, 자신을 향하여 선포합시다.

"맘몬은 내게서 떠나갔다!"

이제 본격적인 전쟁이 시작되었습니다. 지금까지는 일방적으로 끌려다녔는데, 이제는 맘몬이 저기 문 밖으로 쫓겨났습니다. 그런데 이 맘몬은 아담 때부터 활동해서 지금은 세상이 온통 맘몬의 구조로 되었기 때문에 한 발짝만 떼도 벌통을 밟는 격이고 두 발짝만 디뎌도 지뢰를 밟는 격입니다. 피할 길이 없습니다. 그렇기 때문에 맘몬과의 영적 전쟁을 쉼 없이

56

해야 합니다. 이 전쟁을 일상생활처럼 계속해야 합니다. 아내와 남편은 물론 가족을 붙잡고 일일이 맘몬을 물리치는 대적을 해주십시오.

"맘몬아, 내가 예수의 이름으로 명하노니 내 아들에게서 나가라!"
"맘몬아, 내가 예수의 이름으로 명하노니 이 회사에서 떠나라!"
"맘몬아, 내가 예수의 이름으로 명하노니 이 일에서 손을 떼라!"

성경은 돈에 대해서 뭐라고 말씀하고 있는지 살펴보겠습니다.

"돈을 사랑하지 말고 있는 바를 족한 줄로 알라 그가 친히 말씀하시기를 내가 결코 너희를 버리지 아니하고 너희를 떠나지 아니하리라 하셨느니라"(히 13:5).

'돈을 사랑하지 말라', '있는 바를 족한 줄로 알라'고 하셨습니다. 이미 하나님께서 우리의 형편을 충족하게 하셨다는 것입니다. 이 말씀에 대해 수긍합니까? 지금 돈이 충분합니까?

맘몬은 비교하고 견주는 것을 통해 돈에 대해 경쟁적으로 느끼게 합니다. 누구보다는 더 잘살고 누구보다는 못살고 하면서 경쟁적으로 돈을 갖고 싶게 만듭니다. 그러면 우리는 당연히 늘 돈이 부족하다고 느끼게 되고, 그래서 못났다고, 불행하다고, 실패자라고, 심지어는 우울증에 걸려 죽고 싶다고 느끼게 됩니다. 히브리서 13장 5절 말씀과는 완전히 어긋나게 느끼는 것입니다.

그럴 때 사람들은 '하나님은 나를 떠났나 봐', '하나님은 나를 돕지 않으시나 봐' 하면서 하나님을 원망하고 불신하게 됩니다. 족한 줄 모르면 하나님을 원망하고 불신하게 되는 것입니다. 사탄의 무서운 궤계가 아닐 수 없습니다.

하나님께서는 그럴 줄 아시고 미리 못 박아 두셨습니다. "내가 결코 너희를 버리지 아니한다", "너희를 떠나지 아니한다"(히 13:5)라고.

이렇게까지 당부하셨는데도 우리는 하나님을 믿지 못합니다. 오히려 맘몬의 궤계에 넘어가 "돈이 부족하다, 하나님이 널 사랑하지 않으신다, 그래서 불행하다고 생각해라"는 맘몬의 소리를 믿습니다. 그러면 영원히 불행하며 우울증에서 떠날 수 없습니다. 그러므로 족한 줄 아는 것은 매우 의미심장한 말씀입니다.

말씀 하나를 더 보겠습니다.

"돈을 사랑함이 일만 악의 뿌리가 되나니 이것을 탐내는 자들은 미혹을 받아 믿음에서 떠나 많은 근심으로써 자기를 찔렀도다"(딤전 6:10).

무엇이 일만 악의 뿌리라고 했습니까? 돈입니까? 돈이 아니라 '돈을 사랑함이 일만 악의 뿌리'라고 했습니다. 돈은 중성이어서 그 자체는 악하지도 선하지도 않습니다. 아침이슬을 매미가 먹으면 노래가 되고 뱀이 먹으면 독이 되듯이, 돈이 선하게 쓰이면 선한 일이 되고 악하게 쓰이면 악

58

한 일이 됩니다.

그런데 돈을 사랑하면 어떻게 되는지 살펴봅시다. 이 말씀은 매우 긴박합니다. 돈을 사랑하여 돈을 사모하는 순간, 미혹을 받는다고 했습니다. 미혹을 받자마자 곧장 어떻게 된다고요? 믿음을 던져 버린다고 했습니다. 그러면 무슨 일이 벌어지죠? 구름 같은 근심에 휩싸인다고 합니다. 근심에 휩싸이자마자 무슨 일이 일어납니까? 자기가 자기를 찔러 버린다는 겁니다! 무서운 이야기입니다. 돈을 사랑하는 것이 이처럼 자기 자신을 죽이는 데까지 끌고 가는 참으로 무서운 병이라는 것입니다. 사랑으로 시작하더니 자살로 끝납니다. 그러므로 돈을 사랑하는 것은 죽음의 독을 마시는 것입니다.

그런데 우리는 이런 맘몬의 독을 평생 마시고 삽니다. 아찔하지 않습니까? 어느 재벌 총수가 투신자살 했습니다. 왜 그랬을까요? 돈이 너무 없어서, 아니면 돈이 너무 많아서? 답은 간단하지요. 왜 시장이 감옥에서 목을 매어 죽고 왜 도지사가 한강에 빠져 죽었을까요? 돈 때문입니다. 재벌 총수로, 시장으로, 도지사로 성공했으면서 무엇이 모자라 스스로 목숨을 끊은 것입니까? 맘몬의 계략입니다. 작은 이권에 개입하게 만들어서는 덫에 걸리게 한 다음 퇴로를 차단해 버리죠. 돌아섰을 때 나갈 데가 없도록 철저하게 봉쇄해 버리는 겁니다. 높은 자리에 있으면 누구든지 이 같은 덫을 만나게 됩니다. 독직 사건, 공금횡령, 세금포탈, 수뢰 사건 등 수도 없이 많은 덫을 만납니다. 모두 맘몬이 국가적 인물들을 삼키기 위해 코앞에 놓은 덫입니다. 높은 자리는 돈을 사랑할 수밖에 없는 지극히 위험한 자리입니다. 그래서 더 조심해야 합니다.

필요한 만큼 다 줬다는데, 족한 줄 알라는데, 왜 더 가지려고 아무거나 집어삼킵니까? 우리가 이 세상에 돈이나 벌자고 온 것입니까? 아니잖아요. 돈 버는 것에 목숨을 걸게 만드는 맘몬의 계략일 뿐임을 알아야 합니다.

정신 똑바로 차리고 믿음의 선한 싸움, 그러니까 하나님 나라를 확장하는 일을 하는 것이 우리를 부르신 하나님의 뜻입니다. 뇌물? 부실공사? 시험 문제 빼내고 돈 받기? 죽으려거든 하세요. 여지없이 망하고 맙니다.

망하는 생각이 든다면 그것이 맘몬이 심는 계략임을 즉시 깨닫고 예수 그리스도의 이름으로 보기 좋게 격퇴하기 바랍니다. 맘몬은 절대로 평안을 가져오지 않습니다. 행복을 주지 않습니다. 부자로 만들지 않습니다.

그러므로 맘몬에 정면으로 대항해서 "맘몬아 네가 아무리 그래도 나 이제 네 말 안 들어. 이제부터 내 주인은 예수님이야. 따지고 또 따지라고? 그까짓 것 안 따져. 그냥 주님 위해 쓸 거야. 그게 손해라고? 웃기지 마!" 하며 맘몬을 꾸짖고 쫓으십시오. 든든한 하나님이 우리의 배경이 되어 주시니 무서울 게 없습니다.

십일조 안 하던 사람이 십일조를 하고, 남에게 인색하게 굴던 사람이 일부러 찾아가 선물도 사주고 밥도 사주고, 심지어 빚도 탕감해 주면 이것이 바로 강력한 영적 전쟁입니다. 맘몬의 뜻과 반대로 살아가니 맘몬으로선 어떻게 해볼 도리가 없지 않겠습니까?

또한 반대 정신으로 살기 바랍니다. '반대 정신'이란 이렇습니다. 저는 제 아들과 이 반대 정신으로 곧잘 싸웁니다. 제가 이렇게 하지 말고 저렇게 하라고 하면 아들은 "남들은 다 그러는데요?" 하면서 반박합니다. 그러면 제가 화가 나서 "남들 다 한다고 너도 그렇게 할 거냐? 남들이 다 해도 너만은 다르게 돌아설 수 있는 용기가 필요하다. 하나님이 용감하게 돌이켜 하나님의 뜻에 따라 사는 너를 바보로 만들 것 같으냐? 너를 위대하고 훌륭한 사람으로 만들 것이다"면서 훈계합니다.

이제 우리는 맘몬과 결별했습니다! 이제 우리가 손을 내밀면 주께서 이끌어 주시는 단계에 와 있습니다. 이제 주님의 말씀을 잘 알아듣고 분별하면서 주님 방법대로 사는 길을 찾아봅시다.

02
청지기, 어떻게 돈을 다스리는가?

하나님을 믿고 안 믿고를 떠나 이 세상 모든 사람은 하나님의 청지기입니다. 이렇게 특별하게 만든 청지기에게 하나님은 필요한 모든 것을 챙겨서 보내십니다. 첫째, '할 일'을 주십니다. 둘째, 돈을 주십니다. 셋째, 은사를 주십니다. 넷째, 부르심을 수행하는 데 필요한 '시간'을 주십니다. 이 네 가지 주신 것 중에서 돈이 가장 중요합니다. 왜 그렇습니까? 돈과 일은 항상 함께 가기 때문입니다.

돈은 하나님으로부터의 선물을
살 기회를 준다.
-탈무드

청지기는 어떻게 태어나는가?

혹시 자신이 어떻게 지어졌는지 그 과정을 본 적 있습니까? 본 사람은 아무도 없을 것입니다. 그런데 다 보았습니다. 한 가지 더 묻겠습니다. 여러분은 어떻게 태어났습니까? 엄마 아빠를 통해서라고요? 맞습니다. 생물학적으로 설명하면 정자와 난자의 만남으로 태어났죠. 그런데 그것은 틀린 말입니다. 왜 그렇습니까? 성경이 그렇게 말하고 있지 않기 때문입니다. 시편 139편 13-16절을 읽어 봅시다.

> "주께서 내 내장을 지으시며 나의 모태에서 나를 만드셨나이다 내가 주께 감사하옴은 나를 지으심이 심히 기묘하심이라 주께서 하시는 일이 기이함을 내 영혼이 잘 아나이다 내가 은밀한 데서 지음을 받고 땅의 깊은 곳에서 기이하게 지음을 받은 때에 나의 형체가 주의 앞에 숨겨지지 못하였나이다 내 형질이 이루어지기 전에 주의 눈이 보셨으며 나를 위하여 정한 날이 하루도 되기 전에 주의 책에 다 기록이 되었나이다."

'주께서 내 내장을 지으시며 나의 모태에서 나를 만드셨다'고 합니다. 하나님께서 우리 한 사람 한 사람을 핸드메이드(hand-made) 하셨다는 겁니다. "나를 지으심이 심히 기묘하심이라." 나를 지으시는 것을 내 눈으로 봤다고 합니다. 또 "주께서 하시는 일이 기이함을 내 영혼이 잘 아나이다." 내 영혼이 다 봤다는 것입니다. 보지 않고 이런 표현을 할 수 있습니까? "지음을 받은 때에 나의 형체가 주의 앞에 숨겨지지 못하였나이다." 어머니 태중에 있기 전에 이미 나의 형체가 있었다는 말입니다. 정자와 난자가 만나기 이전에 이미 나라는 실체가 만들어진 것입니다.

그래서 이렇게 선언합니다. "내 형질이 이루어지기 전에 주의 눈이 보셨으며 나를 위하여 정한 날이 하루도 되기 전에 주의 책에 다 기록이 되었나이다." 정자와 난자가 만나 세포분열을 하기 이전이기 때문에 천상에서 일어난 일입니다. 그러니까 성부 성자 성령께서 박은희라는 사람을 '오늘 심심하니까 사람 하나 만들자'가 아니라 박은희라는 사람이 꼭 필요한데 오늘 이 사람을 만들자, 가하면 '예' 하세요, 그리고 방망이 세 번 두드리고 성부 성자 성령께서 만장일치로 가결해서 박은희라는 사람을 만든 것입니다.

그러고 나서 이 박은희라는 사람을 이 세상에 보낼 텐데 누구의 태를 미끄럼틀로 태워 보낼까, 전 세계를 다 둘러보신 다음 이 사람에게 맡기는 것이 좋겠다 해서 박은희 부모에게 박은희를 맡기셨습니다. 우리 모두는 이와 같은 과정을 통해 이 세상에 태어났습니다.

청지기에게 무엇을 주셨는가?

모든 사람은 신앙과 상관없이 이렇게 세상에 태어났습니다. 왜 그렇게 굉장한 절차와 과정을 거쳐서 보내셨을까요? 보내야 할 이유가 있기 때문입니다. 우리는 이렇게 보내진 사람을 청지기라고 말합니다. 그러므로 모든 사람이 청지기입니다. 하나님을 믿고 안 믿고를 떠나 이 세상 모든 사람은 하나님의 청지기인 것입니다. 청지기인 줄 알고 순종하는 사람과 몰라서 순종하지 않는 사람, 더 잘 순종하는 사람, 좀 못하는 사람이 있을 뿐입니다.

이렇게 특별하게 만든 청지기에게 하나님은 필요한 모든 것을 챙겨서 보내십니다.

첫째, '할 일'을 주십니다. 이것을 '콜링'(calling)이라고도 하고 '부르심'이라고도 합니다. "박은희, 너는 세상에 가서 이 일을 좀 해야겠다." 사람마다 각각 할 일을 정해서 보내십니다. 어떤 나라에 스파이를 보낼 때 그에게 특수 임무를 맡기지만 모두 똑같은 임무를 주는 것이 아니라 사람마다 다른 임무를 줍니다. 하나님께서도 우리를 세상에 스파이로 보내시면서 지령을 준 것입니다. 우리를 천국의 특명대사라 하는 것도 이 때문입니다.

'부르심' 하면 무슨 특수한 일을 하게 된 사람이거나 특별한 사정을 당한 사람을 두고 하는 말로 생각하는데 그렇지 않습니다. 예컨대 목사나 선교사처럼 특별한 사람들만 '부르심'을 받는다고 생각하는 것은 잘못입니다. 모든 사람이 부르심을 받고 이 세상에 보내졌습니다.

둘째, 돈을 주십니다. 이를테면 공작자금입니다. 적군의 다리를 폭파하는 임무를 스파이에게 맡기면서 빈손으로 보내지 않습니다. 1억 원이 드는 임무를 500만 원만 주지도 않습니다. 공작자금을 충분히 주어 보냅니다. 그렇지 않다면 일은 일대로 못하고 고생은 고생대로 하면서 잘못하면 상대 나라에 붙잡혀 목숨을 잃기 때문입니다. 하나님도 우리에게 공작자금을 충분하게 주셨습니다. 그러므로 하나님께서 자신 있게 말씀하시기를 "있는 바를 족한 줄로 알라"(히 13:5)고 하신 것입니다.

셋째, 은사를 주십니다. God's gift, DNA지요. 보통은 '재능'이라고 하는데 이 말은 오해하기 쉽습니다. 특기나 장기가 없는 사람은 은사가 없는 것으로 오해할 수 있습니다. 하지만 이 세상에 은사를 받지 않은 사람은 아무도 없습니다. 그러면 여러분의 은사는 무엇인지 아십니까? 여러분의 됨됨이 그 자체가 은사입니다. 우리를 모두 다르게 지으신 것이 곧 은사대로 지으셨다는 말입니다. 각자가 받은 부르심을 이루기에 마땅한 재능과 기질을 주셨습니다.

약점과 단점이 있다고요? 그것도 은사입니다. 사실 단점이나 약점이 없는 사람은 이 세상에 단 한 사람도 없습니다. 약점투성이인 사람을 하나님이 지으실 리 없죠. 또 누구는 좀 낫게 만드시고 누구는 좀 못하게 만드셨을 리도 없습니다. 모든 사람을 완벽하게 지으셨습니다. 세상이 경쟁주의로 흘러가다 보니 사람이 스스로 그 기준에 따라 강점이니 약점이니 하고 나누었을 뿐입니다. 이것은 사탄의 기준입니다. 하나님 앞에서는 약점도 단점도 모두 은사입니다.

우리는 하나님의 부르심에 꼭 맞게 지어졌습니다. 북파 공작원을 보내면서 너 혼자 알아서 북한 다녀와라 하나요? 그럴 수는 없죠. 체력도 길러 주고, 총 쏘는 법도 가르쳐 주고, 평양 지리나 정세도 가르쳐 주고 나서 임무를 맡기고 보내야 하지요. 하나님도 우리를 이 세상에 보내시면서 그 일을 할 수 있도록 재주와 능력과 모든 필요한 경향과 기질을 갖추어 주셨습니다.

넷째, 부르심을 수행하는 데 필요한 '시간'을 주십니다. 그 시간은 제한된 시간입니다(Limited Time). 각자에게는 시작하는 날과 끝날이 있습니다. 또한 인생 단계별로 시간이 정해져 있습니다. 자랄 때가 있고, 공부할 때가 있고, 일할 때가 있습니다. 쉴 때가 있고 목숨을 걸 때가 있습니다. 이 모든 단계는 부르심을 잘 수행하기 위한 것입니다.

그밖에도 '기회'가 있습니다. 기회는 '덤'입니다. 규칙적인 기회(opportunity)와 불규칙한 기회(chance)가 있습니다.

'Opportunity'는 반복적으로 계속 다가오는 기회를 말합니다. 예컨대 출근은 계속 반복됩니다. 그러나 어제의 출근과 오늘의 출근은 같아 보이지만 전혀 다른 기회로서 주어집니다. 돌아가신 아버지의 기념일은 금년에도 지정된 날로 다시 옵니다. 새로운 의미와 기회로 주어지는 것들입니다. 'Chance'는 불규칙하게 오는 기회를 말합니다. 예컨대 특수한 일이나 사람을 말합니다. 하나님께서는 이런 'Chance'를 여러 차례 제공하십니다. 하나님은 돈이나 시간을 넉넉하게 주십니다.

그런데 우리는 이런 시간의 의미를 간과하거나 악용하기도 하고 원수에게 이용당하기도 합니다. 중요하면서도 위험한 요소가 동시에 있습니다. "네 부모를 공경하라", "남자가 부모를 떠나라"와 같은 시간에 대한 경구는 다 이런 정신에서 나온 것입니다. 그래서 성경은 말합니다. "기회를 잘 붙들라. 그러기가 쉽지 않다"(엡 5:16 "세월을 아끼라 때가 악하니라").

이처럼 청지기에게는 돈만 관리하는 책임이 주어진 것이 아닙니다. 부르심은 물론 은사와 돈과 시간까지 관리할 책임이 주어집니다. 그런데 이 중에서 가장 중요한 것이 돈입니다. 왜 그렇습니까? 돈과 일은 항상 함께 가기 때문입니다. 일이 되려면 돈이 반드시 따라 주어야 합니다. 돈으로 너의 믿음 있음을 증명해 보이라, 너의 사랑을 돈으로 증명해 보이라고 하시죠. 너의 관심과 섬김을 과연 네가 소유한 것으로 할 수 있겠느냐고 물으십니다. 그러므로 이 네 가지 주신 것 중에서 돈이 가장 중요합니다. 돈의 양이 아니라 쓰는 방법과 태도에 관한 것이지요.

예수전도단(YWAM)의 DTS는 훈련의 목표를 다음과 같이 제시하고 있습니다.

훈련의 궁극적인 목표를 재정에 두고 있는데, 이것은 성경 정신을 정확하게 꿰뚫고 있다고 하겠습니다.

선악과는
돈 문제다?

질문 하나 하겠습니다. 하나님이 천지를 창조하시고 선악과를 주셨습니다. 왜 선악과를 주셨을까요? 하나님이 우리를 사랑하시기 때문에 천지를 창조하셨고 우리를 지으셨다면서 왜 선악과를 지으셔서 인류에게 죄라는 고통을 지우셨을까요? 이상하지 않습니까? 하나님은 우리를 정말 사랑하시는 것이 맞습니까? 사랑하신다면 왜 이와 같은 덫을 만들어서 모든 사람을 고통 가운데 있게 하시는 것입니까?

이것을 재정 강사답게 풀어 보겠습니다. 선악과는 돈 문제거든요. 돈을 빼고 설명하려니까 영 시원찮습니다. 하나님께서 온 천지 만물을 완벽하게 지으셨습니다. 맞죠? 그렇다면 선악과도 인간에게 꼭 필요한 것이고 유익하기 때문에 만드셨겠죠.

집을 살 때 가장 먼저 무엇을 합니까? 등기를 합니다. 만일 등기도 하지 않고 '이 집은 주인이 없으니 알아서들 하시오'라고 방을 붙이면 무슨 일이 벌어질까요? 채 한 시간도 안 돼서 난리가 날 것입니다. 몽둥이, 칼, 권총, 별의별 것을 다 가지고 와서 그 집을 차지하려 들 것입니다. 세상에 그런 아수라장이 없겠죠. 그런데 등기를 마치고 집주인이 주인 노릇을 하면 이런 일은 절대로 일어나지 않습니다. 주인은 깨끗하게 도배도 하고 예쁜 커튼도 달고 청소도 열심히 해서 주인 노릇을 할 것입니다. 주인이라면 당연히 이래야 합니다.

하나님도 우주 만물을 지으시고 등기하셨습니다. "내가 주인이다" 하셨다는 것입니다. 하나님이 주인 노릇을 하면 어떻게 될까요? 하나님의 실력만큼 천지는 최상의 상태를 유지합니다. 하나님보다 더 관리를 잘할 존재가 있습니까? 없습니다. 그러니까 하나님께서 주인 노릇하시는 게 좋은 것 아닙니까? 이보다 더 좋을 순 없죠. 만일 이 천지가 하나님 것이 아니라면 어떻게 될까요? 즉시 난장판이 되겠지요. 도저히 살 수가 없을 것입니다.

등기한 뒤에는 집에다 무엇을 붙이죠? 문패를 달죠. 하나님도 마찬가지입니다. 문패를 붙이셨습니다. 무지몽매한 피조물들이 잠시라도 잊어버릴까 봐 동산 한가운데 가장 잘 보이는 자리에 문패를 붙였습니다. 그것이 선악과입니다. 모든 피조물이 보고 "아, 이건 하나님 거로구나" 해야 함부로 난장판을 치지 못합니다.

"아담아, 이리 오너라. 자, 이 동산 어떠냐?"

"아, 기가 막힙니다. 끝내 줍니다."

"그렇지? 좋지? 네가 이거 맘대로 해. 그런데 한 가지는 똑똑히 알아 둬. 그게 뭐냐면 이 천지 만물의 주인은 바로 나야, 알겠어?"

"네, 천지 만물은 하나님 겁니다."

"그래, 너희들이 그 사실을 언제든지 보고 잊어버리지 말라고 여기 내 문패를 붙여 놨다. 여기 하, 나, 님, 선, 악, 과, 보이냐?"

"네, 잘 보이는데요."

"읽어 봐."

"하, 나, 님, 선, 악, 과."

72

"똑똑히 알아 둬. 이 문패를 함부로 떼면, 즉 내 소유권 등기를 함부로 고치면 정녕 죽으리라!"

이렇게 하신 하나님이 옳습니까, 틀립니까? 옳습니다. 만약 문패도 달지 않았다면 자기들끼리 싸워서 순식간에 난장판이 되었을 것입니다. 하나님께서 문패(선악과)까지 친절하게 붙여 놨기 때문에 모든 피조물이 그것만 보면 "맞다, 이건 하나님 거지" 하면서 질서정연할 수 있는 것입니다. 그러니까 하나님께서 선악과를 만든 것은 너무나 당연한 일이고 잘하신 일입니다. 만약 그걸 달지 않았다면 하루아침에 쓰레기 더미가 되었을 것입니다.

그러니까 선악과는 '하나님의 소유권 표지'입니다. 그런데 토지 사기꾼이 와서 하와를 속였습니다. "이봐 하와, 여기 등기부 열람을 해봤는데 허술한 게 하나 있어. 그것 싹싹 지우고 아담이라고 고치면 100억 떨어지겠던데 한건 할까?" 그러자 돈에 민감한 하와가, 예부터 여자는 돈에 민감하지 않습니까, "아! 웬 떡? 아따, 성님! 그거 당근이지" 하며 냉큼 접수합니다. 그래서 등기를 뜯어고치고 문패를 바꿔 단 사건이 선악과 따먹은 사건입니다.

지금 제가 무슨 얘기를 하려는가 하면, 청지기인 우리가 오늘날 반드시 확인해야 할 것을 말하고자 함입니다. 에덴동산에서 아담이 하나님께 맨 처음 고백한 것이 무엇입니까? "천지 만물의 주인은 하나님이십니다"입니다. 천지 만물의 주인은 아담 때부터 지금까지 누구 것이죠? 하나님 것입니다. 현재도 하나님 것입니다. 미래도 하나님 것입니다. 이 사실은 영원히 변하지 않습니다. 그런데 우리는 어떻습니까? 집도 내 집, 자동차도 내 자동차, 통장에 든 돈도 내 돈이라고 주장합니다. 강도들!

청지기가 절대로 잊어서는 안 되는 것, 속여서도, 속임에 넘어가서도 안 되는 한 가지는 '천지 만물의 주인은 오직 하나님이시다'는 사실입니다. 이것을 일상의 삶에서 늘 고백할 수 있어야 합니다. 그래야 우리가 청지기로서 사명을 감당할 수 있습니다.

나는 착한 청지기인가, 악한 청지기인가?

이제부터라도 대오각성하고 청지기 노릇을 제대로 해봅시다. 성경에는 어리석고 악한 청지기와 착하고 충성된 청지기가 여러 차례 소개되어 있습니다. 성경 말씀처럼 우리는 악한 청지기도 될 수 있고 착한 청지기도 될 수 있습니다. 착하고 충성된 청지기가 되려면 말씀 속에서 하나님의 가르침을 배우고 익혀야 합니다.

> "또 비유로 그들에게 말하여 이르시되 한 부자가 그 밭에 소출이 풍성하매 심중에 생각하여 이르되 내가 곡식 쌓아 둘 곳이 없으니 어찌할까 하고 또 이르되 내가 이렇게 하리라 내 곳간을 헐고 더 크게 짓고 내 모든 곡식과 물건을 거기 쌓아 두리라 또 내가 내 영혼에게 이르되 영혼아 여러 해 쓸 물건을 많이 쌓아 두었으니 평안히 쉬고 먹고 마시고 즐거워하자 하리라 하되 하나님은 이르시되 어리석은 자여 오늘 밤에 네 영혼을 도로 찾으리니 그러면 네 준비한 것이 누구의 것이 되겠느냐 하셨으니 자기를 위하여 재물을 쌓아 두고 하나님께 대하여 부요하지 못한 자가 이와 같으니라"(눅 12:16-21).

어느 농부가 농사를 지었는데 헌 창고로는 안 될 만큼 소출이 많아서 새 창고를 짓고 거기에 쌓았습니다. 그런데 이게 상식적입니까? 농사라는 게 아무리 풍년이라도 예년의 10~20% 더 나지 두 배, 세 배 나지는 않습니다. 그런데 이 청지기에게 이런 일이 벌어진 것입니다. 특별한 하나님의 공급입니다. 그런데 이 청지기가 하는 말 좀 보십시오!

"내 영혼아, 많이 쌓아 두었다. 얼마든지 먹고 마실 수 있다. 이제부터 먹고 싶은 대로 먹고, 마시고 싶은 대로 마시면서 즐거워하자."

이 청지기를 향해 하나님은 어리석다고 말씀하십니다. 그뿐 아니라 그를 오늘 저녁에 '당장' 죽이겠다고 하십니다. 하나님은 이 청지기가 믿을 만했기 때문에 창고를 새로 크게 지어야 할 만큼 초자연적인 소출을 주셨습니다. 그런데 그것을 자기 혼자만 움켜쥐겠다고 하니, 이보다 더 괘씸한 짓이 어디 있겠습니까?

왜 하나님은 줘 놓고 죽이겠다고 하시는 겁니까? 하나님은 왜 부자만 보면 이렇게 히스테릭하십니까? 예를 들어서 이 사람에게 100인분을 줬다고 칩시다. 보통 사람의 100배라면 대단한 부자입니다. 그런데 그가 혼자서 그것을 다 쓴다면 어디선가 99명이 굶어 죽는 것입니다. 그러니 이 한 사람을 '당장' 죽여야 99명을 살릴 수 있습니다. 오늘 '당장' 죽여야 한 사람이라도 덜 죽이기 때문에 '당장' 죽여야 하는 것입니다. 그래서 혼자서 많이 움켜쥐는 것이 얼마나 무서운 죄악인지 모릅니다.

그런데 우리는 누구할 것 없이 이런 부자가 되는 것이 인생의 목표입니다. 왜 좋은 대학교에 가려고 합니까? 왜 좋은 학과에 들어가려고 발버둥을 칩니까? 왜 좋은 회사에 들어가려고 합니까? 남보다 더 많이 벌어서 남보다 먼저 부자가 되려는 게 아닌가요? 그것으로 자기만을 위해서 쓰려는 거잖아요. 그러면 어떻게 된다고요? 그날 밤에 '콱' 죽임을 당합니다. 탐욕을 따라 사는 것이 얼마나 위험한지 알겠습니까? 어리석은 자는 목을 내놓고 사는 위험한 사람입니다.

이 사람은 21절에 나와 있는 대로 "자기를 위하여 재물을 쌓아 두고 하나님께 대하여 부요하지 못한 자"였습니다. 목적 없이 돈을 쌓아 두는 행위는 오늘 저녁 당장 죽임을 당하는 중한 죄목에 해당됩니다. 이런 식으로 돈을 모아서 자기 창고에 무조건 쌓고 보자는 생각은 매우 악합니다. 큰 죄입니다. 이런 돈을 '아이들 머니'(idle money)라고 합니다. '잠자는 돈'이란 뜻이죠. 자기를 위하여 쌓아 두고 하나님께 대하여 부유하지 못한 자는 큰 죄인입니다. '아이들 머니'가 많아질수록 지금 굶어 죽어 가는 3/4은 곧 4/5가 되고, 5/6가 될 것입니다. 무조건 저축하는 것, 평생 모으기만 하는 것, 재산을 늘리기 위해 부동산을 사 두는 것, 모두 그날 밤 '콱' 죽임을 당할 일입니다. '자기만을 위해서 쓰는 사람'은 악한 청지기입니다.

이번에는 착한 청지기를 찾아봅시다.

"그러므로 너희도 준비하고 있으라 생각하지 않은 때에 인자가 오리라 하시니라 베드로가 여짜오되 주께서 이 비유를 우리에게 하심이니이까 모든 사람에게 하심이니이까 주께서 이르시되 <u>지혜 있고 진실한 청지기</u>가 되어 주인에게 그 집 종들을 맡아 때를 따라 양식을 나누어 줄 자가 누구냐 주인이 이를 때에 그 종이 그렇게 하는 것을 보면 그 종은 복이 있으리로다 내가 참으로 너희에게 이르노니 주인이 그 모든 소유를 그에게 맡기리라"(눅 12:40-44; 마 24:45-51 참조).

42절에 보면 '지혜 있고 진실한 청지기'를 소개하고 있죠? 지혜 있고 진실한 청지기는 어떤 사람입니까? 주인집 종들을 맡아 때를 따라 '양식을 나눠 주는 자'입니다. 주인집에 가서 때를 따라 의식주를 해결해 주고, 공부를 시키고, 시집장가를 보내고, 집 사주고, 차 사주고… 그렇게 하면 주인이 와서 그에게 자기의 모든 소유를 맡기겠다는 것입니다. 이 주인이 누구입니까? 하나님이십니다. 하나님은 우리 모두가 예외 없이 누군가를 '맡아야' 한다고 말씀하십니다. 우리 모두가 '섬기는 자'라는 것입니다.

여러분은 누구를 맡아야 할지 압니까? 그 사람들을 맡아서 지금 때를 따라 양식을 먹이고 있습니까? 와, 갑자기 겁나네! 자신이 없죠? 괜찮습니다. 지금부터 해도 절대 늦지 않습니다. 그 사람들을 지금부터라도 잘 책임지고 있으면 굉장한 일이 벌어집니다. 이 일은 의무이지 선택이 아닙니다.

이렇게 주기만 하다가 내가 가난해지는 것은 아닌지 걱정됩니까? 아닙니다. 어마어마한 일이 벌어집니다. 하나님께서 하나님의 소유를 모두 주시겠다고 하지 않았습니까? 이렇게 충성된 청지기가 얼마나 없었으면 이런 어마어마한 약속을 해주셨을까요? 하나님 말씀대로 하기만 하면 돈은 얼마든지 주시겠다는데 신나지 않습니까? 이제 우리가 맡아야 할 그 사람들을 섬기는 일이 어렵고 힘든 일이 아니라 벅차고 기대되는 일인 줄

믿기 바랍니다.

또 다른 경우를 봅시다. 누가복음 16장입니다. 먼저 1~8절을 보겠습니다.

"또한 제자들에게 이르시되 어떤 부자에게 청지기가 있는데 그가 주인의 소유를 낭비한다는 말이 그 주인에게 들린지라 주인이 그를 불러 이르되 내가 네게 대하여 들은 이 말이 어찌 됨이냐 네가 보던 일을 셈하라 청지기 직무를 계속하지 못하리라 하니 청지기가 속으로 이르되 주인이 내 직분을 빼앗으니 내가 무엇을 할까 땅을 파자니 힘이 없고 빌어먹자니 부끄럽구나 내가 할 일을 알았도다 이렇게 하면 직분을 빼앗긴 후에 사람들이 나를 자기 집으로 영접하리라 하고 주인에게 빚진 자를 일일이 불러다가 먼저 온 자에게 이르되 네가 내 주인에게 얼마나 빚졌느냐 말하되 기름 백 말이니이다 이르되 여기 네 증서를 가지고 빨리 앉아 오십이라 쓰라 하고 또 다른 이에게 이르되 너는 얼마나 빚졌느냐 이르되 밀 백 석이니이다 이르되 여기 네 증서를 가지고 팔십이라 쓰라 하였는지라 주인이 이 옳지 않은 청지기가 일을 지혜 있게 하였으므로 칭찬하였으니 이 세대의 아들들이 자기 시대에 있어서는 빛의 아들들보다 더 지혜로움이니라"(눅 16:1-8).

아주 난해한 말씀입니다. 그래서 이 본문에 대한 설교를 별로 들은 적이 없을 것입니다.

자, 어떤 부자가 있었습니다. 그런데 그 부자가 자기 종에게 전 재산을 맡기고 먼 길을 떠났다고 합니다. 이 주인을 어떻게 생각하십니까? 질문을 바꿀까요? 만일 여러분이 1,000억대의 어마어마한 부자라면 이 전 재산을 종에게 맡기고 먼 길을 떠날 수 있겠습니까? 우리는 대부분 가족에게 맡기거나 그것도 믿지 못하면 은행에 맡길 것입니다. 그런데 이 주인은 아무런 각서나 공증도 받지 않은 채 종에게 전 재산을 맡기고 떠났습니다. 이 주인이 누굽니까? 하나님이십니다. 그렇다면 그 종은 누군가요? 바로 우리입니다. 큰 부자 하나님이 우리 같은 사람을 어떻게 믿고 전 재산을 맡기고 가시는지 감격스럽지 않습니까? 우리는 믿을 수 없는 사람에게는 우산 하나도 맡기지 못하잖아요.

어느 은행의 지점장이 전 직원 회식 때 행원한테 지갑째 주면서 결제하라고 했다고 합시다. 지갑에는 수표도 있고 현금도 있고 각종 카드도 있습니다. 그리고 택시를 타고 가야 하는 직원을 위해 그 행원에게 "네가 알아서 지갑에서 돈을 꺼내 택시비를 줘라"고 했다면 어땠을까요? 그 직원은 평생 그 지점장을 따를 것입니다. 그런데 하나님은 지갑이 아니라 전 재산을 맡기셨습니다. 이 점에 대해 우리는 충분히 감격해도 좋습니다.

그런데 이 종이 어떻게 했습니까? 전 재산을 맡길 만큼 신뢰한 주인을 생각해서라도 목숨을 바쳐서 잘해야 할 텐데 이 종은 주인 것을 가지고 자기 마음대로 허비하고 방탕하게 써 버렸습니다. 이런 죽일 놈이 있나! 이 사실이 주인의 귀에 들어갔습니다. 그러자 주인이 그 종에게 해고통지서를 보냈습니다.

"네 이놈! 듣자 하니 내 재산을 맘대로 쓴다는데 결산서 만들어 놓고 기다려라, 이놈아! 그게 사실이면 모가지야!"

해고통지서를 받은 이 종, 큰일 났습니다. 주인이 영 안 돌아올 줄 알았는데…. 그래서 이 종이 머리를 굴렸습니다. '아이고, 주인 오기 전에 살 길을 찾자' 하면서 주인에게 빚진 사람들을 불러서 마구 빚을 탕감해 주었습니다. 빚이 1억이면 5,000만 원으로 고치고, 밀린 월세가 10개월치면 8개월치로 고치라고 말입니다.

만일 여러분이 주인이라면 이 종을 어떻게 하겠습니까? 택시 타고 오려다가 비행기 타고 오겠죠? 회초리 들고 오려다가 총 들고 오지 않겠습니까? 그런데 이 주인을 보십시오. 아까도 이해가 안 되더니 이번에는 진짜 이해가 안 됩니다. 치도곤을 안겨도 시원찮을 종더러 칭찬을 하는 겁니다. 이해가 됩니까? 이해가 안 되니까 우리 하나님이 대단하신 겁니다.

이해가 안 되는 이 말씀을 풀어 봅시다. 처음에 종이 마구 재산을 허비할 때는 이 재산이 누구 것이라고 생각한 거죠? 맞습니다. 자기 것이라고 생각하고 써 버린 거죠. 그랬더니 돌아온 게 무엇이었습니까? 벌이 돌아왔죠? 해고통지서를 받았잖아요. 그런데 이번에는 주인이 막 쫓아오는 동안에 빚을 탕감해 주었습니다. 이때 종은 빚을 탕감해 주면서 이 재산이 누구 것이라고 생각한 거죠? 맞습니다. 주인 것이라 생각했습니다. 그랬더니 돌아온 게 뭐죠? 칭찬! 이해가 됐습니까?

종은 '남의 것'이라고 생각했기 때문에 빚을 마구 탕감해 주었습니다. '자기 것'이라면 이렇게 할 수 없겠죠. 따지고 또 따지며 인색하게 굴 것입니다. 하지만 남의 것은 인색할 필요도 없고, 따질 필요도 없습니다. 자기 것처럼 탐욕에 따라 썼을 땐 벌이 돌아왔으나 주인 것처럼, 남의 것처럼 썼더니 칭찬이 돌아온 것입니다.

자, 그럼 이 말씀을 여러분에게 적용해 보세요.

우리가 가진 것은 누구 것입니까? 대답하기 싫을지 몰라도 하나님 것입니다. 하나님 것을 자기 것처럼 마구 써 버리면 벌이 돌아옵니다. 반면에 하나님 것처럼 써 버리면 칭찬이 돌아옵니다. 그러므로 여러분이 가진 것을 하나님 것처럼 사용하기 바랍니다.

이 말씀을 통해 본 착한 청지기는 어떤 사람입니까? 착한 청지기는 '하나님 것을 하나님 것처럼 생각하고 쓰는 사람'입니다. 악한 청지기는 '하나님 것을 자기 것처럼 쓰는 사람'입니다.

그럼 이어서 누가복음 16장 9~12절을 보겠습니다.

"내가 너희에게 말하노니 불의의 재물로 친구를 사귀라 그리하면 그 재물이 없어질 때에 그들이 너희를 영주할 처소로 영접하리라 지극히 작은 것에 충성된 자는 큰 것에도 충성되고 지극히 작은 것에 불의한 자는 큰 것에도 불의하니라 너희가 만일 불의한 재물에도 충성하지 아니하면 누가 참된 것으로 너희에게 맡기겠느냐 너희가 만일 남의 것에 충성하지 아니하면 누가 너희의 것을 너희에게 주겠느냐."

예수님은 8절까지 비유로 말씀하시고 나서 9절부터 교훈을 주십니다.

82

그러니까 9절 이하가 예수님이 진짜 말씀하고 싶은 내용인 것입니다.

9절을 봅시다. "불의의 재물로 친구를 사귀라." 다시 말하면 "아까 그 종은 불의의 재물로 친구를 사귀었단다. 그것도 내 것을 가지고서. 그래서 칭찬을 받았지, 알겠니?" 하신 것입니다. 어리둥절하지요?

불의의 재물로 친구를 사귀란 말이 무슨 뜻입니까? 먼저 불의의 재물이 무엇일까요? '불의의 재물'이란 돈은 더러운 거다, 돈은 속물이다, 그러니 가까이하지 말라는 뜻일까요? 아닙니다. 불의의 재물이란 세상 사람들이 돈을 불의하게만 쓴다는 뜻입니다.

사람들은 돈을 쓴다면서 죄다 불의하게 씁니다. 더 불의하게 쓰려고 연구합니다. 그래서 돈이 있는 곳에는 반드시 악이 따릅니다. 총리나 장관을 인선한 후 국회에서 인사청문회가 열리면 항상 이슈가 되는 것이 돈 문제입니다. 불의하게 쓴 돈이 청문회에서 낱낱이 밝혀지는 것입니다. 맘몬의 명령대로, 맘몬의 종처럼 살면 누구든지 돈 문제에서 자유로울 수 없습니다. 털어서 먼지 안 나는 사람 없다는 말이 진리처럼 되었습니다.

그렇다면 '불의의 재물로 친구를 사귀라'는 말은 모든 사람이 불의하게만 쓰는 이 돈을 가지고 의롭게 쓰기 바란다는 말씀입니다. 어떻게 쓰는 것이 의로울까요? '친구를 사귀는 데 쓰는 것이 의롭다'고 하십니다. 친구를 사귀려면 돈을 어떻게 써야 할까요? 무조건, 공짜로, 기대한 것보다 더 많이 주라는 것입니다.

이 종은 빚쟁이들이 감동할 만큼 팍팍 깎아 줬습니다. 밀 100석을 빌린 사람에게 한두 석 깎아 준 것이 아니라 반으로 뚝 잘라 깎아 줬습니다. 대단한 배짱입니다. 돈은 이렇게 남을 위해서 배짱 좋게 쓰는 것입니다. 쪼

잔하게 사용하면 안 됩니다. 욕먹고 사람도 잃습니다.

자기 것이면 이렇게 할 수 있을까요? 할 수 없죠. 그런데 어떻게 가능했나요? 남의 것이라고 생각했으니까요. 그것도 주인이 하나님이니까 이 일이 가능했던 것입니다.

그러니까 여기서 '믿음'의 문제가 발생합니다. '하나님은 이 종처럼 하나님 것을 가지고 통 크게 사용하기를 원하신다, 오히려 상까지 주시며 칭찬하신다'는 것을 믿는 것이 믿음입니다. 이 종은 마치 그런 믿음이 있는 사람처럼 행동했습니다. 하나님이 보시고 잘했다, 돈에 대한 태도는 이와 같아야 한다, 내 생각하고 똑같다 하며 칭찬하셨습니다.

'불의한 재물'이란, '돈을 불의하게만 쓴다'는 뜻도 있지만 '세상에서만 가치를 인정받는 물건'이라는 뜻도 됩니다. 세상에서나 쓰고 말 물건이라는 뜻입니다. '불의'란 세상을 의미하지 않습니까? 그러므로 천국에서는 돈이 필요 없으니 세상에 살 때 아끼지 말고 다 쓰라는 뜻입니다.

우리는 돈을 아끼고 아껴서 남기고 가는 것을 목표로 합니다. 그런데 주님은 남기지 말고 다 쓰고 오라고 하십니다. 천국에 가져와 봐야 아무 쓸모가 없으니 세상에서 100% 다 쓰고 오라는 것입니다. 그렇지 않으면 문제가 생기기 때문입니다. 실제로 3/4이라는 거대한 인구가 굶어 죽고, 유산 때문에 형제간에 칼부림이 나고, 남의 것을 훔치려는 도적 떼가 들끓지 않습니까? 우리나라에서 가장 권위 있는 구제기관에서도 기부한 돈의 25%만이 목적에 맞게 사용된다는 사실을 알고 있습니까? 저는 여러분이 직접 구제하며 다 쓰기를 권합니다.

'내가 준, 불의한 것을, 나에게 오기 전에 100% 다 쓰고 오너라'는 의미가 이 본문이 주는 메시지입니다. 네 곁에 죽어 가는 이웃들을 붙여 놨으니 너는 딴마음 먹지 말고 그들의 생명을 살리라는 뜻입니다. '불의한 재물로 친구를 살리라'는 것입니다. 이것이 하나님께서 돈을 사용하는 기준입니다. '인색병'과 '따지는 병'에 걸리면 절대로 친구 사귀듯 사용할 수 없습니다.

> "<u>지극히 작은 것에 충성된 자는 큰 것에도 충성되고 지극히 작은 것에 불의한 자는 큰 것에도 불의하니라</u>"(눅 16:10).

 지극히 작은 게 뭡니까? 앞에서 하나님께서 우리를 크게 지으셨다고 했습니다. 아파트 100채를 쏟아도 그 귀퉁이 하나도 채우지 못할 만큼 우리를 크게 지으셨다고 했습니다. 그러므로 '지극히 작은 것'이란 돈입니다. '작은 것에 충성된 자'란 '돈에 충성된 자'라는 뜻이고, '돈에 충성되다'는 것은 돈을 잘 사용한다는 뜻입니다. 그래서 돈 쓰는 것을 보면 그 사람의 사랑과 믿음이 어느 정도일지를 가늠할 수 있습니다. 돈에 쩨쩨하게 구는 사람은 사랑도 믿음도 쩨쩨하게 써 먹고, 돈 가지고 으스대며 업신여기는 사람은 믿음, 사랑으로 으스대며 업신여기게 됩니다.
 지극히 작은 데 충성된 자는, 그러니까 돈을 잘 쓸 줄 아는 자는 이웃을 위해 배포 있게 돈을 쓸 줄 알고, 지극히 작은 것에 불의한 자는, 즉 돈을 엉터리로 쓰는 자는 아무리 가치 있는 것이라도 불의하게 쓴다는 것입니다. 이처럼 예수님은 돈에 대한 태도를 중요하게 여기셨습니다.
 교회에서 권사나 안수집사, 장로를 세울 때 그들의 직장에 가서 여론

조사를 해보아야 합니다. 누구나 교회에 와서는 친절하고, 인사도 잘하고, 순종도 잘합니다. 그런 것으로는 그 사람을 알 수 없습니다. 교회에 와서 그것도 못하는 사람이 어딨습니까? 그러므로 매일 얼굴을 맞대고 사는 사람들에게 물어 봐야 합니다. 돈을 가지고 인색하게 굴거나 으스대는 사람은 틀림없이 장로가 되면 목에 힘을 주고 자기 이름을 유익하게 하는데 교회를 이용하려 들 것입니다. 더 나아가 교회를 혼란에 빠뜨릴 것입니다.

"너희가 만일 남의 것에 충성하지 아니하면 누가 너희의 것을 너희에게 주겠느냐"(눅 16:12).

우리가 가진 것은 모두 누구의 것입니까? 하나님 것이라고 했죠? 여기서 '남의 것'이란 하나님 것입니다. 그러므로 '남의 것에 충성하지 아니하면'은 '하나님이 나에게 맡겨 놓은 돈을 잘못 관리하고 잘 쓸 줄 모르면'이라는 뜻입니다. 이런 사람에게 하나님은 '누가 천국에 속한 것을 너에게 맡기겠느냐'고 하십니다. 천국에 속한 것을 주면 돈을 쓰던 버릇대로 인색하게 굴 텐데 어떻게 맡기겠느냐고 하시는 겁니다. 지극히 작은 것, 즉 돈도 멋지게 쓸 줄 모르는 사람에게는 아무 것도 맡길 수 없다는 말씀입니다.

사우나하고 나오면서 수도꼭지를 잠그지 않고 나오는 사람이 있습니다. 불친절한 목욕탕 주인 손해 좀 보라고 그러는지 모르겠습니다. 그런데 그 물이 누구 겁니까? 하나님 거잖아요. 목욕탕 주인 게 아니잖아요.

제가 지금 아껴 쓰자는 얘기를 하는 게 아닙니다. 하나님 것이라고 할 때 내가 어떤 태도로 이 물건을 써야 하는지를 생각해야 한다는 겁니다. 온 천지가 다 '남의 것', '하나님 것'입니다.

나는 어디를 가나 하나님 것을 맡은 청지기입니다. 종인 내가 주인 앞에서 어떤 태도로 돈을 써야 할까를 생각해야 합니다.

하나님께 칭찬받는 청지기가 되려면

직장인이라면 자기가 맡은 일을 잘해야 인정을 받아 월급도 많이 받고 승진도 할 수 있습니다. 마찬가지로 청지기는 청지기의 일을 잘해야 하나님께 칭찬도 듣고 큰 상도 받습니다. 우리는 모두 청지기로서 어떻게 해야 잘했다고 인정받을 수 있을까요?

★ 한 달란트 받은 자의 교훈

"또 어떤 사람이 타국에 갈 때 그 종들을 불러 자기 소유를 맡김과 같으니 각각 그 재능대로 한 사람에게는 금 다섯 달란트를, 한 사람에게는 두 달란트를, 한 사람에게는 한 달란트를 주고 떠났더니 다섯 달란트 받은 자는 바로 가서 그것으로 <u>장사하여</u> 또 다섯 달란트를 남기고 두 달란트 받은 자도 그같이 하여 또 두 달란트를 남겼으되 한 달란트 받은 자는 가서 <u>땅을 파고 그 주인의 돈을 감추어 두었더니</u> 오랜 후에 그 종들의 주인이 돌아와 그들과 결산할새 다섯 달란트 받았던 자는 다섯 달란트를 더 가지고 와서 이르되 주인이여 내게 다섯 달란트를 주셨는데 보소서 내가 또 다섯 달란트를 남겼나이다 그 주인이 이르되 잘하였도다 착하고 충성된 종아 네가 적은 일에 충성하였으매 내가 많은 것을 네게 맡기리니 네 주

88

인의 즐거움에 참여할지어다 하고 두 달란트 받았던 자도 와서 이르되 주인이여 내게 두 달란트를 주셨는데 보소서 내가 또 두 달란트를 남겼나이다 그 주인이 이르되 잘하였도다 착하고 충성된 종아 네가 적은 일에 충성하였으매 내가 많은 것을 네게 맡기니 네 주인의 즐거움에 참여할지어다 하고 한 달란트 받았던 자는 와서 이르되 주인이여 당신은 굳은 사람이라 심지 않은 데서 거두고 헤치지 않은 데서 모으는 줄을 내가 알았으므로 두려워하여 나가서 당신의 달란트를 땅에 감추어 두었었나이다 보소서 당신의 것을 가지셨나이다 그 주인이 대답하여 이르되 악하고 게으른 종아 나는 심지 않은 데서 거두고 헤치지 않은 데서 모으는 줄로 네가 알았느냐 그러면 네가 마땅히 내 돈을 취리하는 자들에게나 맡겼다가 내가 돌아와서 내 원금과 이자를 받게 하였을 것이니라 하고 그에게서 그 한 달란트를 빼앗아 열 달란트 가진 자에게 주라 무릇 있는 자는 받아 풍족하게 되고 없는 자는 그 있는 것까지 빼앗기리라 이 무익한 종을 바깥 어두운 데로 내쫓으라 거기서 슬피 울며 이를 갈리라 하니라"(마 25:14-30).

유명한 달란트 비유입니다. 여기서도 주인과 종이 등장합니다. 어떤 큰 부자가 종들에게 현찰 150억, 60억, 30억을 주고 먼 길을 떠났습니다. 5달란트를 요즘 가치로 환산하면 약 150억 원쯤 됩니다. 이 주인을 어떻게 생각합니까? 현금 보관증을 받았다는 말도, 담보 설정을 했다는 말도, 공증을 받았다는 말도 없이 이렇게 큰돈을 종들에게 맡기고 간 것입니다. 이해할 수 없는 이 주인이 바로 하나님이십니다. 좋은 우리입니다. 하나님은 우리의 값을 이만큼 쳐주십니다.

여러분이 거래하는 은행에 가서 신용대출 500만 원만 해달라고 해보십시오. 담보 없이 500만 원 받기도 어렵습니다. 그런데 우리 아버지는 현금 보관증이나 보증인도 없이, 그리고 이자도 받지 않는 조건으로 현금 150억 원을 주셨습니다. 우리 아버지 대단한 분이십니다!

현금 주고 가셨으면 영영 안 오시면 참 좋겠는데, 여기 보니 돌아오셔서 회계하자, 결산하자 하십니다. 하나님은 반드시 결산하러 청지기에게 돌아오십니다. 죽어서 천국에 가면 우리 각자의 금전출납부를 보여 주시면서 이익이 얼마나 났는지 혹은 손실을 얼마나 봤는지 알려 주십니다. 그 숫자에 따라서 천국의 상급이 결정되죠. 이처럼 우리 인생은 언젠가는 반드시 하나님 앞에서 결산할 때가 있습니다. 그러니까 정신 차리고 잘해야 합니다.

자, 다시 본문으로 돌아가 청지기들은 각자 다섯, 둘, 하나의 달란트를 받았는데 다섯, 둘 받은 사람은 받자마자 열심히 돈을 벌었습니다. 속물같이 장사해서 돈이나 벌었다고 합니다. 하나님이 주신 거룩한 돈으로 돈벌이를 했답니다. 사농공상(士農工商)에서 돈벌이하는 '상'(商)이 제일 천한 신분입니다. 고대 아테네에서도 장사치를 세상에서 가장 천한 일로 여겼습니다. 이것을 어떻게 생각하나요? 여러분이라면 주인에게 받은 150억 원으로 어떤 일을 했겠습니까?

주인이 돌아와 묻습니다. "결산하자" 했더니 150억 받은 사람은 "150억을 벌어서 300억 만들었습니다" 하고, 60억 받은 사람도 "60억 벌어

90

서 120억 만들었습니다" 했습니다. 그랬더니 두 종에게 "오! 착하고 충성된 종이로다" 하면서 "작은 일에 충성했다", "많은 것을 맡기겠다", "주인의 즐거움에 참여할지어다"라는 세 가지 말씀을 하십니다.

"작은 일에 충성했으니 잘하였다"에서 작은 일이 무엇입니까? 돈 다루는 일입니다. 돈 다루는 일이란 150억이 아니라 150조라도 작은 일입니다. 돈 다루는 일은 지극히 작은 일인데 그런 사소한 일까지도 네가 충성했으니 이제는 진짜로 큰일을 네게 맡기겠다 하십니다.

하나님은 작은 일을 시킨 뒤 잘하면 점점 큰일을 맡기십니다. 처음에는 하찮은 일을 맡기신 뒤 최선을 다하나 안 하나 보십니다. 그런데 그 일에 최선을 다하고 모든 열정을 바치고 성실함과 진실함으로 하면 그 사람에게 큰 상을 내리고 더 큰일을 맡기십니다. 이 비밀을 잘 이해해야 합니다. 그래서 맨 먼저 돈 다루는 일, 즉 작은 일을 맡기십니다. 그러고 나서 쓸 만하면 큰일, 즉 하늘의 일을 맡기십니다. 그러니 돈에 대한 태도가 얼마나 중요한 시험 과목인지 모릅니다.

돈 문제를 통과하지 못하면 사회적으로 아무리 큰일을 해도 하나님 나라에서는 불합격입니다. 사탄이 예수님께 출제한 첫 번째 문제도 돈 문제였습니다. "너 배고프지? 그러니까 돌로 떡 만들어서 먹어 봐!"

150억, 60억 받은 사람은 '주인의 즐거움'이라고 하는 상을 받았습니다. 이 '주인의 즐거움'은 숫자 단위입니다. 이런 말 처음 들어 보았죠? 물론 제가 만든 말입니다. '주인의 즐거움' 어치의 상이죠. 만, 억, 조, 경, 해 다음에 한참 있다가 나오는 단위가 '주인의 즐거움'입니다.

하나님이 우리에게 벌을 주실 때 몇 대를 주시죠? 3~4대 주십니다. 복을 주실 때는요? 천 대를 주십니다. 그렇다면 천 대가 누릴 복을 값으로 치면 얼마나 될까요? 천 대면 약 3만 년인데 그동안 맘껏 누릴 수 있는 복이 '주인의 즐거움'어치일 것입니다. 두 사람은 이 세상에서 누구도 타 보지 못한 큰 상을 받았습니다. 하나님은 이런 식으로 우리에게 상을 주시는 분입니다. 우리에게 보장된 천국은 이런 셈값으로 주어집니다. 할렐루야!

이것을 맘몬은 어떻게 따지는지 볼까요? 맘몬의 계산법과 하나님의 계산법을 비교해 봅시다.

최초 상황	증가량	증가 후	맘몬의 평가	하나님의 평가
5개 (62.5%)	+5	10개 (66.7%)	+4.2%	+100%
2개 (25.0%)	+2	4개 (26.7%)	+1.7%	+100%
1개 (12.5%)	0	1개 (6.6%)	-5.9%	0%
8개 (100%)	+7	15개 (100%)	0%	+185%

하나님은 5개를 맡긴 사람에게 100%가 늘었다고 인정해 주시는데 맘몬은 4.2%밖에 늘지 않았다고 칩니다. 2개를 맡긴 사람에게도 하나님은 똑같이 100%가 늘었다고 인정해 주시는데 맘몬은 1.7%밖에 늘지 않았다고 평가절하합니다. 얼마나 인색한지 모릅니다. 우리는 학교와 세상에서 사탄의 이런 '따지는 법'을 배웠습니다. 그래서 우리가 하나님처럼 따질 줄 모릅니다.

맘몬은 4.2와 1.7의 합계 5.9만 인정해 주고 나머지 194.1을 자기가 몽땅 차지해 버립니다. 하나님은 사실대로 100, 100으로 인정해 주십니다. 대신 하나님은 0입니다. 맘몬은 두 사람의 공로가 다르다고 합니다. 그런데 하나님은 둘의 공로가 같다고 하십니다. 맘몬은 인정하지 않으려 잔꾀를 부리고 있고, 하나님은 이왕이면 많이 주시려고 그런 평가를 하시는 것입니다. '따지고 또 따지면' 이런 엉뚱한 결과가 나옵니다. 따지고 또 따지는 병이 얼마나 악랄한지 알겠습니까?

오늘날 회사에서 보너스를 줄 때 이와 같습니다. 가능하면 상 안 주고 공로 인정해 주지 않으려 하죠. 좌천시키고 목을 자르려 하죠. 인색한 사람을 야무진 사람이라고 하고, 살림 잘한다고 합니다. 사탄법입니다. 이 구조를 깰 사람을 하나님은 날마다 찾고 계십니다. 하나님 식으로 할 사람, 거기 누구 없습니까?

너무 복잡한 얘기를 했나요? 숫자에 너무 약하다고요? 숫자 모르는 것이 경건인 줄 알면 안 됩니다. 맘몬의 셈법과 하나님의 셈법이 이와 같이 다릅니다.

다섯, 둘을 받은 사람은 천 대가 누리고도 남을 '주인의 즐거움'이라는 큰 상을 받았습니다. 그러므로 아무리 하찮은 일이라도 하나님이 맡기신 일이라면 잘 감당해서 이렇게 큰 상을 받기 바랍니다.

문제는 한 달란트 받은 사람입니다 예수님은 왜 이 비유를 말씀하셨을까요? 그것은 모든 사람이 한 달란트 받은 사람 같기 때문입니다. 99%가 다섯, 둘 달란트 받은 사람 같다면 이런 비유를 하실 리 없지 않겠습니까? 그래서 우리는 한 달란트 받은 사람의 문제에 주목해야 합니다. 이 비유에서는 칭찬 듣고 복 받은 것이 중심 주제가 아닙니다.

한 달란트 받은 사람이 와서 말합니다.

"당신은 굳은 사람이라 심지 않은 데서 거두고 헤치지 않은 데서 모으는 줄을 내가 알았으므로 당신 돈을 땅에 묻어 놓았다가 고스란히 돌려드립니다."

무슨 말입니까? '심지 않은 데서 수확'할 수 있는 분이 누구입니까? 하나님밖에 없죠! 100m, 500m 땅속을 포크레인으로 파지 않고도 그 속에서 무언가를 '뿅' 하고 뽑아 올릴 수 있는 분이 누구입니까? 바로 하나님이십니다.

한 달란트 받은 사람은 이 주인이 하나님인 줄 알아보았습니다. 대단하죠? 다섯, 둘 달란트 받은 사람은 돈 받자마자 돈이나 벌러 갔는데 이 한 달란트 받은 사람은 주인이 하나님인 줄 척 알아봤습니다. 대단합니다. 그래서 하나님께서 한 달란트 받은 사람의 이 놀라운 고백을 듣자마자 무릎을 치면서 "내가 온 세상을 주유하고 다녔다마는 나를 하나님으로 알아본 자는 너 한 사람뿐이다! 네 영발 정말 대단하구나! 너는 이 세상에 있기 아깝다! 지금 당장 불마차를 타고 하늘나라로 올라가 이 땅을 통치해라!" 해야 앞뒤가 딱 맞아떨어지겠죠. 그렇게 했더라면 우리가 아주 이해하기 좋았을 텐데, 엉뚱하게도 하나님이 뭐라고 하십니까? "있는 것 다 빼앗고 내쫓고 죽여라."

하나님은 왜 우리하고 생각이 반대일까요? "네가 나를 하나님으로 알아봤다고? 맞다. 나, 정말 하나님이다. 하나님인 줄 진정 알았다면 사지를 벌벌 떨며 내 명령을 그대로 순종했어야지, 하나님한테 직접 받은 명령을 무시하고 딴짓을 해? 이런 고얀 놈이 있나! 이놈을 죽여라!" 이것이 이 말씀의 핵심입니다. 이 사람이 하나님인 줄 알면서도 명령대로 하지 않고 딴짓을 했다는 겁니다. 하나님을 알아본 영발인데 낮잠이나 잤겠습니까? 한 열심했겠죠.

그는 하나님을 알아본 유일한 사람으로서 하나님을 감동시킬 일이 무엇일까 궁리했을 것입니다. '지금 껌 값도 안 되는 1달란트 가지고 조몰락거릴 시간 없다. 무지 중요한 일을 해야겠다. 하나님을 뿅 가게 할 일, 그래서 제일 큰 상을 받을 일….' 그러면서 그는 코피 터지게 무지무지 중요하고 하나님을 뿅 가게 할 일을 했습니다. 은행에 가서 입금할 시간도 없이 일했습니다. 세상을 깜짝 놀라게 할 만한 거룩하고 고상한 일을 했습니다. 그런데 이런 보고를 듣고 하나님이 기뻐하시기는커녕 엄청 화를 내셨습니다. 무슨 말입니까?

간단히 얘기하면 "너는 청소부 해" 했는데 대통령이 되려고 했고, "너는 공무원 해" 했는데 사업해서 돈을 많이 벌었다는 것입니다. 하나님이 천상회의에서 특별 가결하여 각 사람에게 특별한 임무와 거기에 맞는 은사를 줘서 세상에 보냈는데 그 명령을 저버리고 딴짓을 한 것입니다.

다섯, 둘 달란트 받은 사람은 하나님이 주신 은사(talent)대로 자기 인생을 드린 데 반해, 하나 받은 사람은 은사에 상관없이, 하나님의 부르심에는 아랑곳 않고 '자기 생각에 좋은 대로' 크고 중요한 일을 했다는 것입니다. 그런 결과, 한쪽은 큰 상을 받았으나 다른 한쪽은 죽임을 당하고 말았습니다.

우리는 한 달란트 받은 자처럼 하나님 앞에서 자기 의로 하나님을 설득

하려고 합니다. "제가 하나님인 줄 알아뵀거든요. 그래서 저는 돈같이 작은 일은 땅속에 묻어 버리고 하나님을 위해 거룩한 일을 하겠습니다. 저같이 제대로 된 사람이 어딨습니까?" 합니다. 이런 사람은 하나님께도 충고하죠. "하나님, 이거 굉장히 중요한 일이거든요. 그래서 제가 했어요." 교회에서도 요란합니다. "목사님, 왜 그런 일 따위만 하세요? 거룩하고 중요한 일을 하세요." 가장 거룩한 척하면서 야단치고, 비판하고, 잘난 척하기 바쁩니다. 교회가 세상의 밥맛이 되게 하고, 세상의 웃음거리가 되게 하는 사람들입니다. 이런 사람을 어떻게 그냥 둘 수 있겠어요?

지금 누구 얘기를 하고 있는 겁니까? 우리 이야기입니다. 하나님은 이런 자를 '게으르고 악한 종'이라고 했습니다. 하나님이 하라고 한 일은 하나도 하지 않았으니 이보다 더 악하고 게으른 종이 어딨겠습니까? 자기 마음대로 하고 싶은 일 정해 놓고 열심히 한 것은 죄다 무효입니다. 아무리 열심히 코피 터지게 해도 무효입니다. 목사님더러 "설교 그렇게 하지 마세요, 이렇게 하세요, 그건 맘에 들어요, 이건 맘에 안 들어요" 하는 사람은 죄다 한 달란트 받은 사람들입니다.

요컨대, 관리 능력이 뛰어난 청지기는 주어진 임무(부르심)를 100% 충실하게 행하는 사람입니다. 둘 가진 사람이 다섯 가진 사람과 경쟁하여 다섯을 만들려고 하면 안 됩니다. 다섯 받은 사람은 4.8을 한 것도 아니고, 5.001을 한 것도 아닙니다. 딱 5.0을 더했습니다. 둘 가진 사람도 2.3을 하지도, 1.99를 하지도 않고 정확하게 딱 2를 더했습니다. 그래서 상이 똑같습니다. 둘 다 100.00%했기 때문입니다.

그러면 문제를 하나 내볼까요? 평생 명대로 청소부만 한 사람과 평생

명대로 재벌 총수만 한 사람이 천국에 갔다면 상이 같을까요, 다를까요? 서리집사도 못 해보고 충성스럽게 산 무명의 성도와 평생 목사만 한 사람의 상이 같을까요, 다를까요? 하나님의 부르심과 은사를 돈 문제로 설명하신 것은 매우 의미심장합니다. 이 둘은 항상 같이 갑니다.

★ 씨 뿌리는 농부의 교훈

관리 능력이 뛰어난 청지기의 두 번째 조건을 씨 뿌리는 비유를 통해 알아보겠습니다.

> "예수께서 비유로 여러 가지를 그들에게 말씀하여 이르시되 씨를 뿌리는 자가 뿌리러 나가서 뿌릴새 더러는 길가에 떨어지매 새들이 와서 먹어 버렸고 더러는 흙이 얕은 돌밭에 떨어지매 흙이 깊지 아니하므로 곧 싹이 나오나 해가 돋은 후에 타서 뿌리가 없으므로 말랐고 더러는 가시떨기 위에 떨어지매 가시가 자라서 기운을 막았고 더러는 좋은 땅에 떨어지매 어떤 것은 백 배, 어떤 것은 육십 배, 어떤 것은 삼십 배의 결실을 하였느니라"(마 13:3-8).

어떤 농부가 씨를 뿌리러 나갔습니다. 씨앗은 길가에 뿌려지고, 돌밭에 뿌려지고, 가시밭에 뿌려지고, 기름진 밭에 뿌려졌습니다. 예수님은 왜 이 설교를 하셨을까요? 우리는 씨 뿌리는 농부요, 이 세상은 밭입니다.

모든 사람이 기름진 밭에 씨를 뿌리는데 간혹 몇몇 농부가 길가나 돌밭이나 가시밭에 씨를 뿌리기 때문에 이 말씀을 하셨을까요? 그렇다면 굳이 이런 비유를 하시지 않았을 것입니다. 많은 사람들이 길가에, 돌밭에, 가시밭에 씨를 뿌리기 때문에 예수님이 이 말씀을 하신 것입니다.

오늘날 우리의 형편도 이와 조금도 다르지 않습니다. 목사님이라고, 장로님이라고, 권사님이라고 예외가 아닙니다. 모두가 기름진 밭을 놔두고 엉뚱한 곳에 씨를 뿌리는 사람들임을 알아야 합니다.

저는 이 말씀을 가지고 재물의 문제를 다뤄 보겠습니다. 여기서 농부는 하나님의 재물을 맡은 자로, 씨앗을 뿌리는 것은 그 재물을 사용하는 것을, 밭은 그 재물이 사용된 대상입니다. 주님은 씨앗을 '말씀'이라고 했는데, 씨앗은 재물이므로, 재물이 말씀과 같다는 뜻이 됩니다. 그래서 네 보화가 있는 곳에 네 마음도 있다고 하셨습니다(마 6:21). 하나님의 말씀을 나눔으로써 영적 생명을 살리고, 재물을 사용하여 육신적 생명과 관계적 생명을 살린다는 점에서 말씀과 재물은 가장 중요한 하나님의 전략적 도구라고 할 수 있습니다.

★ 길가에 씨를 뿌린 청지기

혹시 귀한 씨앗을 일부러 길가에 뿌리는 농부를 본 적 있습니까? 만일 그런 농부가 있다면 그의 정신 상태를 의심해야 할 것입니다. 그런데 놀랍게도 이런 사람이 참 많습니다. 길가에 씨앗을 뿌렸더니 새가 와서 바로 먹어 버렸다고 합니다. 그 새는 마귀입니다. 그러니까 농부가 마귀 밥으로 씨를 뿌린 것입니다.

그렇다면 돈을 어떤 식으로 쓰면 마귀에게 바치는 것이 될까요? 그것은 하나님의 이름과 하나님의 권세와 하나님의 사랑과 하나님의 형상이 드러나게 쓰는 것이 아니라, 내 이름과 내 체면과 내 얼굴이 드러나게 쓰는 것, 나의 이익이 되는 곳에만 사용하는 것입니다. 그런 곳에다 돈을 쓰면 쓸수록 맘몬이 유리해지고, 맘몬의 권세가 강화되기 때문입니다. 그러면 세상은 점점 더 어려워지고 악해집니다. 사탄의 세상이 되는 것입니다. 돈을 그런 데다 쓰면 되겠습니까?

어려운 사람들을 돕는다면서 자기 이름을 내려고 하지 않았습니까? 기부자 명단이나 헌금자 리스트에 이름을 올리기 위해 돈을 사용하고 있지는 않습니까? 헌금자 동판 달아 준다니까 건축헌금 내지 않았습니까?

주일예배 주보에 헌금자 명단을 싣는 것에 대해 어떻게 생각합니까? 금액 순으로 싣는 곳도 있던데 헌금을 더 내게 하기 위한 전략은 아닙니까? 교회 홍보를 위해 TV나 신문사에 수재의연금 같은 돈을 내지는 않습니까? TV에 이름을 올려 준다니까 10만 원 하려던 것을 100만 원, 1,000만 원 하지는 않았습니까? 교회에서도 식사 값을 내거나 과일을 보내면 반드시 기부자를 밝히고 박수 치던데 괜찮은 건가요? 장로 선거기간이 되면 부서장들의 전화통에 불이 나는 교회가 있다는데 이거 교회 맞습니까? 이런 것이 다 마귀의 밥으로 뿌려지는 것들입니다.

교회가, 그리스도인이 먼저 드러나지 않는 방법으로 돈을 사용합시다. 그래야 뭐라도 배울 게 있지 않겠습니까?

보통 액수가 큰 헌금을 할 때 어떻게 합니까? 대개 부부가 목사님 댁을 찾아가죠. 그러면서 교언영색을 합니다. "목사님! 우린 이런 큰돈 어떻게 써야 할지 몰라요. 목사님께서 알아서 잘 사용해 주세요." 혹시 누군가 이런 식으로 돈을 내민다면 "그렇게 말 안 해도 잘 쓸 테니 무기명으로 헌금통에 넣고 가세요." 하고 혼을 내야 합니다.

왜 그래야 하죠? 그렇지 않으면 목사가 망하고 헌금자가 망하고 교회도 망하기 때문입니다. 목사도 사람인지라 그 부부를 보기만 하면 자동으로 '앗, 1억 집사님!' 하고 90도 절을 하게 됩니다. 무슨 일이든지 그 부부에게 의논하고 눈치를 보면서 그 부부의 종이 됩니다. 교인들 사이에서도 소문이 나서 그들 부부만 보면 온 교인이 자동으로 '앗, 억 집사님' 하며 90도로 절을 합니다. 그들은 남보다 빨리 구역장 되고 장로가 됩니다.

이미 교회를 돈이 휘어잡고 말았습니다. 그래서 큰돈일수록 무기명으로 하는 것이 좋습니다. 무기명으로 헌금하라 했더니 어떤 분은 "사람들은 왜 그리도 헌금 가지고 얼굴 내기를 좋아하나? 난 지난번에 천만 원 헌금하면서 무기명으로 헌금통에 집어넣었다!" 합니다. 괴악하기가 끝이 없습니다.

건축을 하면 큰 헌금자를 대예배 때 하나님의 은혜라며 발표합니다. 대예배 때마다 성가대를 향해 박수 치게 하니까 성가대 세도가 대단합니다. 재정부는 모든 부서 위에서 군림합니다. 돈이 하나님 자리에 앉습니다. 우리는 이렇게 돈의 종이 되어 갑니다. 그 돈을 하나님께서 받으신 것이 아니라 죄다 마귀가 꿀꺽했기 때문에 '하나님 효과'가 나타나는 것이 아니라 '마귀 효과'가 나타납니다. 교회는 돈 때문에 이렇게 썩어 갑니다. 길가에 뿌린 씨앗은 모두 독버섯으로 자랍니다.

절기만 되면 장로와 권사들의 고민이 깊습니다. 내가 장로인데, 권사인데 하면서 어떻게 하면 보여 주는 헌금이 될까 고민하기 때문입니다. 이것이 어떻게 헌금입니까?

부서를 위해 차나 식사로 대접할 때 마음을 엄격하게 다스리기 바랍니다. 교회를 위해 섬길 때는 드러나지 않게 섬기기 바랍니다. 세상에 나가서도 다른 사람을 드러나지 않게 섬기기 바랍니다.

특히 목사님들은 이런 것에 속기 쉽습니다. 성도들이 옷 사주고 차 사주고 용돈 줄 때 그것이 독배인 줄 알아야 합니다. 성도들도 순수하게 목사님을 잘 섬기기 위해서인지, 사심을 숨기고 선물 주고, 여행 경비 주는지 마음을 잘 살펴보십시오. 목사도 사람이어서 그런 것 받으면 마음이 약해집니다. 구역담당 목사에게 밥 사고 선물 자주 해보십시오. 분명히 그 사람이 남보다 먼저 구역장 됩니다. 용돈도 주고 큰 선물 해보십시오. 장로 권사 후보로 자동 추천됩니다. 밥 안 사고 선물 주지 않으면 남보다 늦게 구역장 되거나 안 되는 경우가 허다합니다. 그래서 "나는 왜 구역장 안 시켜 줘요?" 하고 볼멘소리를 하면 즉시 '믿음 없는 사람'이라고 면박을 줍니다. 마귀 밥이 되게 돈을 쓰니까 이렇게 교회가 소리 소문 없이 마귀법대로 되어 가는 것입니다.

★ 돌밭에 씨를 뿌린 청지기

돌밭에 씨를 뿌리면 싹은 나지만 수분이 모자라서 곧 말라 죽고 타 죽습니다. 맘몬이 하라는 대로 따지고 다 내 것이라고 하니까 인색병에 걸리는 것입니다. 아나니아와 삽비라 부부가 그랬죠. 밭을 팔아서 주기로 한 것까지는 잘했는데 현금을 보자 '인색병', '따지는 병'이 도져서 수렁에 빠지지 않았습니까?

주일에 목사님이 불우 이웃을 돕자고 설교했습니다. 집에 돌아가는 길에 남편이 말합니다. "여보, 나 오늘 감동 먹었다. 우리 한 100만 원 헌금 하자." 그랬더니 아내가 "다 갖다 줘라, 다 갖다 줘!" 하며 면박을 줍니다. "그러면 50만 원 할까?" 합니다. 그리고 월요일에는 40만 원, 화요일에는 30만 원, 수요일쯤 가면 20만 원, 목요일은 아예 잊어버렸다가 금요일에는 10만 원, 토요일에는 고민 고민하다가 5만 원, 그러다가 주일이면 만 원짜리 한 장 넣게 됩니다. 하나님이 동냥 받으실 분입니까? 이것이 돌밭에 뿌리는 모습입니다.

그런 마음으로 한 것은 아무런 의미가 없습니다. 아무리 많이 해도 하나님은 아무런 반응을 하지 않습니다. 그런 인색함으로 하는 것은 모두 죄입니다. 부모님께 용돈 드릴 때 인색함으로 하면 부모님을 거지 취급하는 것입니다. 남을 돕는다면서 인색한 마음으로 하는 것도 그 사람을 거지 취급하는 것입니다. 예수님은 이웃을 '형제'라고 하셨습니다. 우리의 형제니까 그를 내 몸처럼 귀하게 대접해야 합니다.

★ 가시밭에 씨를 뿌린 청지기

가시밭에 씨를 뿌리는 농부 역시 이상한 사람입니다. 이들은 세력이 있고 파벌이 있으므로 겉으로 보기엔 굉장합니다. 곧 열매를 맺을 것 같습니다. 하지만 이들이야말로 강제로 퇴출시켜야 합니다.

그들은 말씀을 세상의 가치에 두고 있기 때문에 그런 효과가 있는 곳에다 골라서 씁니다. 주로 정치적 판단이지요. 굉장한 효과와 성공을 거두고 있는 것처럼 보입니다. 그런데 진리를 가장한 속임수에 가려서 결코 열매를 맺지 못합니다. 사람들이 환호하고 박수 치고 표를 찍어 주지만 주님은 절대로 이런 탐관오리, 정치꾼들에게 속지 않으십니다.

이들은 속은 텅 비어 있는데 돈을 발라서 돈 힘으로 버팁니다. 정치력으로 여론과 회중을 휘어잡습니다. 그런 돈 제아무리 많이 사용해도 헛짓입니다. 속은 악하기 이를 데 없는데 겉으로만 근사한 사두개인 같은 사람들입니다. 목사의 눈을 멀게 하고 성도의 생각을 오도하지만, 결국 가시 때문에 결실을 맺지 못하고 말라 죽습니다. 세상에서 지탄받고 사라집니다.

예컨대 목사님이 해외 나간다고 하면 가장 먼저 달러 뭉치 들고 와서 '여비하라'고 하는 사람들은 목사님한테는 호감이지만 교인들한테는 밥맛인 경우가 많습니다. 이렇게 교인들 사이에서 좋지 않은 평가를 받고 있는 사람은 우선 경계해야 합니다. 목사님만 속고 있는지도 모르기 때문입니다. 교회에서는 거룩한데 세상에 나가면 영 엉터리인 사람들, 가시밭에 웃자란 사람들입니다.

이렇게 웃자란 사람들이 교회를 어지럽힙니다. 세도를 부립니다. 헌금을 많이 했거나, 세상에서 지위가 높거나, 학벌이 좋거나, 부자이면 말을 많이 하지 않도록 주의해야 합니다. 그들에게 권력까지 주면 안 됩니다. 만일 여러분이 이런 사람이면 스스로 발언권과 직분을 포기하기 바랍니다. 나서지 말고 뒤에서 힘만 되어 주기 바랍니다.

이상의 세 가지가 하나님께서 맡기신 재물을 잘못 사용하는 모습입니다. 이런 사람들이 99.9%라서 예수님이 이 비유를 말씀하신 것입니다. 그러므로 우리가 얼마나 돈을 제대로 못 사용하는지 알아야 합니다. 경각심을 가져야 합니다. 이제 남은 0.1%의 사람을 찾아가 봅시다.

★ 기름진 밭에 씨를 뿌린 청지기

기름진 밭에는 그저 한 번 뿌리기만 하면 그만입니다. 농부가 할 일이 없습니다. 그 다음은 하나님이 알아서 하십니다. 농부는 햇볕이 어떤 작용을 하는지, 수분이 어디서 오는지, 탄소동화작용이 무엇인지 몰라도 됩니다. 그 씨가 저절로 알아서 수분 빨아들이고, 햇빛 받아들이고, 탄소동화작용해서 뿌리 내고 이파리 내고 꽃피우고 열매 맺고 합니다. 싹은 혼자 자랍니다.

헌금이나 기부금 낸 사람이 그 돈이 어떻게 쓰였는지 알아보면 안 됩니다. 그럴 필요가 없습니다. 이미 소유권이 하나님께로 넘어가 버렸기 때문이죠. 씨앗이 농부와는 전혀 상관없이 혼자 싹을 내고 자라듯이 헌금은 헌금자와 전혀 상관없이 혼자 운동하고 역사합니다. 씨앗도 하나님이 일일이 거두시고, 헌금도 일일이 하나님이 거두십니다. 선교헌금 주었다고 선교사더러 매달 어떻게 썼는지 보고하라 하고 불우한 이웃에게 지출 내역을 보자고 하는 것, 이런 것을 두고 망발이라고 합니다. 하나님께서 그들을 판단하게 하고 스스로 하나님이 되지 마십시오.

하나님이 책임지시기 때문에 그 결실이 백 배, 육십 배, 삼십 배 나는 것입니다. 삼십 배는 미니멈(minimum)이고 백 배는 맥시멈(maximum)일까요? 아닙니다. 다 미니멈입니다. 어떤 것은 하나님이 최소한 삼십 배, 어떤 것은 최소한 백 배 준다는 것입니다.

볍씨 하나를 심으면 두 줄기가 생겨납니다. 그 한 줄기에서 벼가 약 100개 열립니다. 그러므로 최소한 200배를 하나님께서 갚아 주십니다. '100배 결실'이라는 말은 수사가 아니라 사실입니다. 하나님께서 기름진 밭에 씨를 뿌린 자에게 갚으시는 방법입니다.

우리 고향집 마당에 있는 감나무는 제가 기억이 있을 때부터 지금까지 열매를 맺고 있습니다. 그러니까 최소한 60년 이상 열리고 있습니다. 1년에 500개 열리면 3만 배, 300만 %를 갚아 주고 있는 거죠. 앞으로 더 열릴 겁니다. 은행나무는 천 년을 살아요. 1년에 1만 알씩 은행이 열리면 천만 배를 갚아 주는 겁니다. 은행 한 알을 심어서 따먹는 숫자만 계산하니까 그렇지, 만약에 열린 거 또 심고 또 심으면 수년 내에 전 세계에 있는 호스트 컴퓨터 다 돌려도 계산 못할 만큼 하나님께서 공급하십니다. 이게 우리 하나님의 스케일입니다. 어마어마합니다.

하나님의 셈법을 이해하십시오. 기름진 밭에 뿌린 자와 길가에 뿌린 자의 차이가 얼마나 나겠습니까? 그야말로 하늘과 땅 차이 아니겠습니까? 은행에 가서 VIP 최우대 금리로 이자를 달라고 해보십시오. 잘해야 4.20% 아니면 4.215% 줍니다. 그런데 우리 아버지 은행에 가면 제일 싼 게 3,000%, 못 해도 1만 %입니다. 우리 아버지 은행에다 맡기겠습니까, 시중 은행에 맡기겠습니까? 진리는 이렇게 쉽습니다.

이처럼 관리 능력이 뛰어난 청지기는 하나님이 주신 씨앗을 기름진 밭에다 뿌립니다. 그런데 기름진 밭에다 씨를 뿌리는 것이 쉬울까요, 어려울까요? 99.9%가 길바닥, 돌밭, 가시밭에다 뿌리는 것을 보면 기름진 밭을 기어이 찾아낸다는 것이 쉽지만은 않은 것 같습니다. 그러나 0.1%의 가능성을 기어이 찾아내는 유능한 청지기에 도전합시다!

03

재정론 1

헌금, 어떻게 해야 할까?

십일조를 드리는 것은 나의 모든 소득과 소유의 주인이 하나님이심을 고백하는 행위입니다. 그리고 십일조를 드리면 내 삶에서 하나님이 주인 노릇을 해주십니다. 즉 나의 삶이 하나님 수준으로 관리됩니다. 나의 삶이 하나님의 질서대로 정결하게, 고귀하게, 고상하게 됩니다. 하나님의 수준으로 나의 삶이 인도됩니다. 하나님이 주인 노릇을 하시기 때문입니다.

나는 하나님을 위한 로비에 전념하고 싶다.
사람은 더 나은 방법을 찾지만
하나님은 더 나은 사람을 찾으신다.
-빌리 그레이엄

재정
공식

지금까지는 청지기에 대해서 알아봤습니다. 이제부터는 실제적인 돈 문제를 살펴보겠습니다.

> "심는 자에게 씨와 먹을 양식을 주시는 이가 너희 심을 것을 주사 풍성하게 하시고 너희 의의 열매를 더하게 하시리니"(고후 9:10).

이 말씀은 좀 복잡한데 정리하면 이와 같습니다.

하나님의 공급 = [씨앗 + 양식] + 심을 것 → 의의 열매를 늘려 가심

하나님께서 우리에게 돈을 주시는데 거기에는 씨앗과 양식이 들어 있습니다. 여기에 '심을 것'을 주십니다. 참 은혜로운 하나님의 성품을 발견하게 됩니다. 하나님께 의무적으로 드릴 것만 주시는 것이 아니라 우리가 먹을 양식도 함께 주신다는 것입니다. 그 비율도 하나님께 1 그리고 대부분인 9를 우리의 양식으로 주셨습니다. 게다가 더 많은 복을 받을 수 있도록 덤으로 우리에게 '심을 것'도 따로 챙겨 주신다고 합니다. 이 정도면 아주 흡족한 것 아닌가요?

하나님께서 우리에게 얼마의 돈을 주시든지 그 안에는 이렇게 '씨앗'

과 '양식'과 '심을 것'이 있다는 뜻입니다. 다시 말하면 하나님께서 주신 것을 이렇게 나눠서 사용해야 한다는 것입니다. 이 세 가지에는 하나님의 기준과 룰이 있습니다. 우리는 이 기준과 룰에 따라 사용해야 합니다.

'씨앗'은 '헌금'을, '양식'은 '생활비'를, '심을 것'은 '투자'라고 봅니다. 그래서 재정론은 헌금론, 투자론, 가정경제론 이렇게 세 가지 주제로 진행됩니다.

하나님의 공급 = [씨앗 + 양식] + 심을 것

이것을 같은 성질의 것들끼리 정리하면 이렇습니다.

하나님의 공급 = 씨앗 + [양식 + 심을 것] → 1:9
　　　　　　 = 헌금 + (생활비 + 투자)

십일조란 무엇인가?

먼저 헌금에 대해서 이야기해 봅시다. 여기서 헌금이란 대표적으로 십일조를 말합니다. 저는 십일조에 대한 헌금의 의미를 재정비했으면 좋겠다는 생각을 합니다. 왜냐하면 한국 교회가 1950년대에서 1970년대에 이르는 절대 빈곤기를 지나면서 십일조를 과도하게 강조하다 보니 십일조의 의미가 많이 왜곡되어 있기 때문입니다.

십일조에 대한 잘못된 인식은 크게 두 가지로 볼 수 있는데, 하나는 '십일조 잘하면 복 받는다'는 생각입니다. '복 받으려면 십일조 해야 한다. 많이 하면 많이 받고 적게 하면 적게 받는다. 그러므로 이왕이면 크게 배팅해라. 크게 할수록 좋은 믿음이다'라는 생각도 포함됩니다. 또 십일조는 부적이 되고 말았습니다. 십일조했으면 안전하다고, 나쁜 일을 막아 줄 거라고, 일이 술술 잘 풀릴 거라고 믿습니다. 십일조가 모든 불행과 저주와 실패를 막아 주는 부적의 효과가 있다고 믿는 것입니다.

다른 하나는, '십일조를 잘못하면 저주 받는다'는 생각입니다. 십일조 잘못하면 집에 불나고, 아들이 대학에 떨어지고, 사업이 망한다는 생각입니다. 실제로 그렇게 위협하는 목사도 많습니다. 지금까지 한국 교회가 목회의 성공 여부를 헌금액으로 판단하는 풍토가 있어서 목사들이 울며 겨자 먹기 식으로 십일조를 강조한 것이 사실입니다. 그리고 그때마다 두 가지의 잘못된 생각을 이용했습니다. 저도 초신자일 때, 부흥회 강사가 복 받는다고 해서 헌금을 여러 번 했습니다.

이렇게 십일조가 왜곡된 것은 한국 교회의 불행이고, 목회자들과 성도들의 불행이 아닐 수 없습니다. 신판 강도의 굴혈이 되고 말았습니다. 그래서 부흥회 혹은 부흥강사는 비난의 표적이 되곤 했습니다.

제가 여러 교회를 다니며 강의를 하고 있는데, 이 잘못된 관념에서 벗어나 있는 교회는 아직 보지 못했습니다. 그만큼 십일조 폐해가 깊다고 할 수 있습니다. 이런 지경이어서 안티 기독교인들이 헌금 문제를 집중해서 공격하는 것입니다.

이제부터 목회자나 성도들이 기복이나 저주의 위협에 끌려다니지 말고 반듯하고 올바른 십일조를 하기 바랍니다. 알았고 이해했다면 모두가 합심하여 잘못을 고쳐 나가는 데 힘써야 합니다.

먼저 십일조의 의의를 정비합시다. 의의를 확고히 해놓지 않으면 이런 저런 공격이나 회유가 들어오면 우왕좌왕하게 됩니다. 그동안 이 의의가 제대로 정립되지 못해서 많은 혼란이 야기된 것입니다.

십일조의 네 가지 의미

첫째, 십일조는 '씨앗', 즉 종자와 같습니다. 농부는 가을에 추수할 때면 제일 실한 열매를 따로 골라서 다음 해 봄에 떨어서 파종합니다. 그러면 더 많은 수확을 하게 됩니다. 예컨대 한 되를 뿌렸는데 가을에 열 가마를 수확하게 됩니다. 십일조는 이와 같이 양적 확대(Multiplication)의 의미를 갖습니다. 소득이 양적으로 확대되고 삶의 질이 고급화되는 효과를 가져옵니다. 이것은 관념의 문제가 아니라 사실의 문제입니다. 즉 십일조를 드리는 사람에게는 실제로 이런 양적인 확대뿐만 아니라 질적인 수준과 품위에서 업그레이드됩니다. 또 씨앗이 종족의 영속성을 가져오듯이, 십일조는 그 생명의 영속성, 종족 보존의 확장성을 보장해 줍니다. 자연의 현상 안에서 하나님께서 일하시는 원리를 발견할 수 있습니다.

둘째, 십일조는 씨 안에 들어 있는 씨눈과 같습니다. 과일의 씨를 쪼개 보면 씨눈이 있고 살(배젖)이 있습니다. 씨를 땅에 심으면 씨눈이 살을 먹고서 싹을 틔우지요. 그런데 만일 씨눈을 잘라 버리고, 살 부분만 땅에 심으면 어떻게 될까요? 썩어 버립니다.

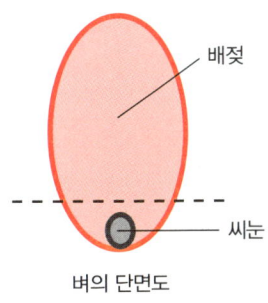

벼의 단면도

그러니까 십일조가 없는 사람의 경제생활은 썩는 삶입니다. 생명이 없습니다. 죄와 죽음과 소망이 없는, 원수가 분탕질하는 삶이 되는 것입니다. 그러므로 씨눈이 붙어 있어야만 이 쌀이 썩지 않고 생명이 되듯이 십일조는 우리 삶에서 씨눈과 같아서 삶을 지탱해 주고 생명력이 유지되고 역동성이 발휘되도록 합니다. 생명력 있는 좋은 에너지가 생겨납니다.

셋째, 십일조는 '마중물'과 같습니다. 마중물이 무엇입니까? 마중물을 붓지 않고 펌프질을 하면 힘만 들 뿐이지 물을 퍼올릴 수 없습니다. 물이 나오게 하려면 물 한 됫박의 마중물을 부어야 하는 것입니다. 1l도 안 되는 물을 부었을 뿐인데 나중에는 10톤도 나오고 100톤도 나올 수 있습니다. 십일조는 이런 마중물과 같습니다. 무에서 유를 창조해 냅니다. 우리의 능력과 상관없는 일이 벌어집니다. 즉 하나님과 우리 사이를 연결하는 고리 역할을 하는 것이 십일조입니다. 이 고리로써 하나님의 공급 약속이 이뤄지는 것입니다. 우리는 작은 것을 드렸을 뿐인데 하나님은 어마어마하게 갚아 주십니다. 우리 삶을 통하여 하늘의 뜻을 이루어 가는 도구로 삼으십니다. 그런 일을 하게 하는 것이 십일조입니다.

넷째, 십일조는 '선악과'입니다. 앞에서 선악과가 뭐라고 했지요? 하나님의 소유권 표지라고 했습니다. '천지만물의 주인이 하나님이시다'는 것을 알리는 표지(標識, '표식'이 아닙니다)입니다. 다시 말해 하나님께서 우리에게 돈을 주시는데 거기에는 보이지 않는 선악과가 있다는 것입니다. '하나님 것'이라는 표지가 있다는 말입니다. 그러니 아담처럼 그것을 먹으면 죽습니다. 우리의 모든 수입과 소유에는 하나님의 것이라는 라벨이 붙어 있습니다. 하나님이 소유자이십니다. 이것을 다른 것들과 섞지 않고 구별해서 드리도록 요구하십니다. 그것이 십일조입니다.

그래서 십일조를 드리는 것은 나의 모든 소득과 소유의 주인이 하나님이심을 고백하는 행위입니다. 그러면 내 삶에서 하나님이 주인 노릇을 해주십니다. 즉 나의 삶이 하나님 수준으로 관리됩니다. 나의 삶이 하나님의 질서대로 정결하게, 고귀하게, 고상하게 됩니다. 하나님의 수준으로 나의 삶이 인도됩니다. 하나님이 주인 노릇을 하시기 때문입니다.

그렇지 않다면 우리의 씀씀이는 곧 엉망진창이 됩니다. 맘몬에게 붙잡혀서 세상의 밥이 됩니다. 하지만 우리 안에 선악과가 있기 때문에, 즉 선악과로서 십일조를 구별해 드리기 때문에 하나님의 권세와 권능으로 다스려지는 경제생활이 됩니다. 우리의 돈 씀씀이를 통해서 하나님 나라가 이루어져 가는 것입니다. 이게 십일조입니다.

이상의 네 가지 의의를 종합하면 다시 두 가지로 요약할 수 있습니다.

첫째, 십일조란 생명선(生命線), 즉 하나님과 나 사이를 이어 주는 생명의 탯줄 같습니다. 이 줄이 끊기면 그 순간 즉사하고, 이어져 있으면 하늘의 생명력을 갖게 됩니다. 전화줄이 이어져 있고, 인터넷에 케이블이 연결되어 있고, 전기선이 소켓에 꽂힌 것과 같습니다.

둘째, 십일조란 신분의 복, 즉 신분증명서입니다. 하나님이 자신의 자녀에게 당연히 주시는 복인 것입니다. 예를 들어, 육군 대령이 별을 달게 되면 50여 가지가(?) 하루아침에 바뀐다고 합니다. 계급장이 바뀌고 방 평수가 바뀌고 차 종류가 바뀌고 월급이 바뀌고… 대한민국 법이 정한 대로 모든 권리와 은전과 대우가 즉시 바뀝니다. 하나님께서는 자기 백성에게 기본적으로 주시기로 한 복을 십일조를 하는 사람에게 보따리째 단번에 주십니다. 그것이 십일조입니다.

한국 교회의 십일조 왜곡을 사죄합니다

한국 교회는 십일조를 설명할 때 말라기 3장 10절을 근거로 들었습니다. 하지만 한국 교회의 이 말라기 십일조 신앙을 회개해야 합니다. 이번 기회에 이것을 바로잡기 바랍니다.

> "만군의 여호와가 이르노라 너희의 온전한 십일조를 창고에 들여 나의 집에 양식이 있게 하고 그것으로 나를 시험하여 내가 하늘 문을 열고 너희에게 복을 쌓을 곳이 없도록 붓지 아니하나 보라"(말 3:10).

말라기 3장 10절의 말씀을 제대로 이해하려면 당시의 시대 상황을 이해해야 합니다. 선지자도 없고 말씀도 희미하게 잊혀져 가던 시절, 포로 생활에서 돌아온 이스라엘 백성이 하나님을 향한 열정도 식어 버리고 관심도 없어져서 모두 성전을 떠나 죄를 짓기에 바빴습니다. 하나님이 말라기 선지자를 통하여 이 백성에게 "너희 죄를 회개하라"고 애타게 권면하셨습니다. 그들의 죄가 무엇입니까? 여러 가지 많았는데, 말라기 3장 10절 말씀은 십일조를 드리지 않고 헌물도 드리지 않아 성전을 문 닫게 한 죄를 거론하고 있습니다. 그래서 성전을 지키던 레위인과 제사장들이 굶어 죽어 갔습니다. 이러한 처참한 성전의 몰락을 보면서 하나님은 레위인들과 제사장들을 굶겨 죽인 사람들에게 큰 심판을 내리겠다고 벼르신 것입니다.

그러니까 이 말씀은 복을 주시겠다는 보장성 발언이라기보다는 심판을 피하지 못할 것이라는 엄중한 경고의 내용입니다. 그런데 전후 사정과 내용은 설명하지 않고 '십일조 하면 복 주겠다'만 잘라서 강조하다 보니 덧나고 말았습니다. 아마 이런 돈은 하늘 창고에서 천장에 닿도록 쌓여 있을 것입니다. 하나님과 전혀 상관없는 헌금, 효력이 닿지 않는 돈이 되고 말았습니다. 성도 여러분! 십일조를 이렇게 잘못 가르친 것을 용서해 주십시오!

신앙의 기복화라는 시대적 상황과 맞닿으면서 십일조는 복채가 되었습니다. 이 말씀의 왜곡 때문에 '복 주는 복채 십일조'라는 이미지가 고착되어 오늘날도 이 관념에서 벗어나지 못하고 있습니다. 이런 생각은 전혀 근거가 없으니 하루 빨리 이런 관념에서 빠져나오기 바랍니다.

십일조는 원래부터 하나님 것이고 우리는 그것을 원래 주인이신 하나님께 돌려드릴 뿐입니다. 그런데 이것을 기복의 도구로 삼아 복을 주시면 드리고 아니면 못 준다고 버티는 식으로 조건화했습니다. 고약한 짓입니다.

한국 교회의 십일조에 대한 또 다른 잘못은 십일조를 하지 않으면 집에 불이 난다든지, 사업이 망한다든지 하는 식으로 다그쳤다는 것입니다. 그래서 무서워서, 액땜을 하기 위해 십일조를 했습니다. 십일조가 부적이 되고 만 것입니다. 매우 잘못되었으며 사실이 아닙니다. 하나님을 무당귀신이나 협잡꾼으로 만든 죄를 용서해 주십시오. 십일조로 위협하여 두려움에 떨게 한 교회의 잘못을 용서해 주십시오. 십일조는 원래 하나님 것이고 우리가 기꺼이 즐겁게 드려야 하는 것인데 하나님이 위협해서 강제로 빼앗아 가는 것처럼 왜곡해 버렸습니다.

우리는 헌금과 투자를 혼동하고 있습니다. 헌금은 의무이지만 투자는 선택입니다. 의무사항에는 대가가 없습니다. 십일조는 의무사항입니다. 명령대로 하고 나면 그만인 것입니다. 납세의무나 국방의무를 하면 직접적인 대가가 없습니다. 그 은덕으로 나라가 편안하다든지 국가가 부유한 정책을 펼 수 있다든지 해서 모든 사람에게 골고루 덕을 끼치는 것과 마찬가지입니다.

십일조는 신자의 기본 의무입니다. 의무를 다하면 신자가 총체적으로 좋아지는 것입니다. 생명선과 신분의 복이 보장됩니다. 그것은 굉장한 것입니다. 그런데 '더 많은 복', '더 특별한 복'을 원한다면 '투자'를 하는 것이 맞습니다. 하나님은 투자할 돈마저 미리 보장해 주십니다.

십일조에는 어떤 종류가 있을까?

★ 첫 소출

구약에는 두 가지의 십일조 제도가 소개되어 있습니다. '첫 소출'과 '소득의 십의 일'이 그것입니다. 첫 소출은 어떤 것입니까? 첫 월급, 그렇죠. 또 대학생 아들이 처음 아르바이트해서 번 돈도 첫 소출이고, 새벽에 장사하러 나와서 맨 처음으로 팔리는 것도 첫 소출입니다. 또 어떤 사람이 개과천선해서 이제부터 새롭게 인생을 출발하겠다면서 구별하여 헌금을 드리면, 그것이 첫 소출 헌금이 됩니다.

우리나라의 관습 중에는 정말 재미있는 게 많습니다. 장사하는 분들이 새벽에 나가서 물건이 처음 팔리면 어떻게 합니까? "개시다!" 하며 소리치기도 하고, 그 돈을 흔들기도 하고, 침 뱉어 이마에 붙이기도 하고, 덩실덩실 춤을 추기도 합니다. 세러머니를 꼭 하죠. 이런 기쁨을 하나님께 올리면 완벽한 예배가 됩니다. 첫 소득에 대한 감사의 세러머니인 것입니다.

또 첫 월급을 부모님을 위해 쓰는 전통도 있습니다. 그 정신으로 하나님께 드리면 완벽한 예배가 됩니다. 첫 소출 헌금은 그대로 모두 드리죠? 특히 대학생을 둔 부모라면 취직해서 첫 월급을 받으면 그 전체를 하나님께 드리도록 미리 가르쳐야 합니다. 첫 아르바이트로 받은 것도 그대로 드려야 한다고 가르쳐야 합니다.

레위기 23장에는 일곱 절기가 소개되어 있습니다. 유월절-무교절-초실절-오순절-나팔절-속죄일-초막절. 이 일곱 절기는 교회의 역사를 상징합니다. 유월절은 예수님의 대속의 죽음을 상징하고, 무교절은 생명의 떡인 예수님을 상징하고, 초실절은 예수님의 부활을 상징합니다. 이 초실절이 바로 '첫 열매'와 관련 있습니다.

초실절은 이스라엘이 가나안에 입성하여 첫 소출을 얻을 때까지 보류되었다가 첫 소출을 수확했을 때 곡물의 첫 단을 제단 앞에 흔들어 바쳐서 모든 수확이 하나님으로부터 왔다고 신앙고백을 한 절기입니다. 그런데 예수님이 이 세상에 오셔서 십자가에 달려 죽으시고 부활하신 사건으로 그 의미를 확증하셨습니다. 고린도전서 15장 20~21절은 예수님이 죽은 자들의 첫 열매라고 말씀합니다. 그 첫 열매는 하늘로 올려졌고 그로 말미암아 사람은 모두 그처럼 살아나게 되었습니다. 첫 소출이 하나님께 드려지면 그 다음은 모두 하나님의 통치 안에 속하게 됩니다. 하나님이 친히 우리의 보장이 되어 주시는 것입니다.

"내가 살아 있고 너희도 살아 있겠음이라"(요 14:19).

엉뚱한 질문 하나 합시다. 왜 하나님은 여리고 성을 허무셨을까요? 40년 광야생활을 했으면 이제부터는 인간답게, 수준 있게 살라고 해야 할 텐데 왜 그걸 허물까요? 허물지 않고 그냥 줬으면 지금 시세로 수천억 원은 됐을 텐데 말입니다. 왜 허물었을까요? 첫 소출로 가져가신 겁니다. 첫 소출을 받으시는 목적은, 그 다음 여정부터는 하나님께서 주인이 되어 동행하고 책임져 주시겠다는 것입니다. 그러므로 첫 소출 헌금을 드리는 것은 이제부터 나아가는 길이 주님의 길이며 이 길을 통해 주님께 영광 돌리도록 하겠다는 헌신의 표시입니다. 첫 월급을 내게 바쳤느냐, 그럼 그 직장생활은 내가 동행하면서 보장하겠다는 계약 행위인 것입니다.

★ 소득의 십의 일

그 다음에 소득의 10의 1이 있습니다. 구약을 보면 1차 년도에 10의 1, 2차 년도에 10의 1, 3차 년도에 10의 1, 그리고 3차 년도에 다시 10의 1을 더 냅니다. 그것은 과부와 고아를 돌보기 위한 구제헌금입니다. 그래서 3년 동안 10의 4를 냅니다. 그러므로 십일조가 '십의 일'이라는 개념과 다릅니다. 어떤 교회는 이 3년차에 더 낸 십의 일을 하루의 월급으로 계산하여 매달 하루 분의 월급을 모아 구제 비용으로 사용하기도 합니다. 100만 원당 3만 원쯤 됩니다.

이것만 있습니까? 절기 때면 예루살렘까지 올라가서 소와 양을 드렸습니다. 그뿐입니까? 예루살렘까지 가려면 숙박비며 식비며 교통비까지 듭니다. 이런 것을 다 포함한 것이 오늘날의 십일조 개념이라고 할 수 있습니다.

그밖에도 추수할 때 밭 네 귀퉁이를 베지 말라, 일부러 밭에 흘리라고 하셨죠. 과부들과 가난한 사람들이 주워 갈 수 있도록 남겨 놓으라는 것입니다(레 23:22; 신 24:19-22). 또 고아와 과부를 돌아보라 하셨고, 손님을 과분하게 대접하라 하셨습니다. 개인적으로 하는 구제비용, 손님이나 나그네를 위한 접대비용이 모두 헌금입니다.

또 있습니다. 예루살렘까지 다녀오는 길은 하루 이틀 길이 아닙니다. 열흘이 걸리기도 하고 한 달이 걸리기도 했습니다. 그들은 대부분이 농업에 종사했습니다. 갔다 오면 밭농사, 논농사에 중대한 피해를 입기도 했습니다. 보부상처럼 장사하는 이들은 예루살렘에 다녀오는 동안 장사를 못합니다. 이것 역시 헌금에 해당됩니다.

곡식뿐 아니라 나무의 과실과 가축의 십일조도 드렸습니다. 요즘으로 말하자면 부수입과 사업의 십일조입니다. 곡식이나 과일은 십일조 드릴 때 계수하기가 쉬웠는데 가축은 쉽지 않았습니다. 가축은 당시 이스라엘 사람들에게 대단히 중요한 재산이었습니다. 그렇다 보니 늙은 것, 병든 것으로 드리려는 폐단이 있었습니다. 그래서 가축을 들로 몰고 갈 때 출입문에서 계수하여 열 번째, 스무 번째, 서른 번째 식으로 따져서 드렸습니다. 그래야 열등한 것을 일부러 드리려는 간사한 마음을 막을 수 있기 때문입니다.

하나님께서는 좋은 것만 골라서 바치는 것도 장려하지 않으셨습니다. 열 번째, 스무 번째가 반드시 가장 좋은 짐승이라는 보장도 없지 않습니까? '좋은 제물'이 요건이 아니고 '정결한 제물'이 요건이라는 것을 알 수 있습니다. 즉 정결한 마음으로 드리는 것을 하나님은 원하십니다.

"그 땅의 십 분의 일 곧 그 땅의 곡식이나 나무의 열매는 그 십 분의 일은 여호와의 것이니 여호와의 성물이라 또 만일 어떤 사람이 그의 십일조를 무르려면 그것에 오 분의 일을 더할 것이요 모든 소나 양의 십일조는 목자의 지팡이 아래로 통과하는 것의 열 번째의 것마다 여호와의 성물이 되리라 그 우열을 가리거나 바꾸거나 하지 말라 바꾸면 둘 다 거룩하리니 무르지 못하리라"(레 27:30-33).

이런 십일조는 금액으로 환산하여 드릴 수 있었는데 이때는 환가액의 120%를 드리도록 하여 가장 좋은 것으로 골라 드린다는 정신과 드리기로 정한 것은 딴마음 품지 않고 그대로 드린다는 정신을 지켰습니다. 짐승의 우열을 따져 더 나쁜 것으로 바꿔치기 하면 하나님께서 둘 다 가져가셨습니다. 하나님께 드리는 제물을 '인색하게', 혹은 '이해관계를 따지고 또 따져서' 드리면 그 제물을 안 받는 것이 아니라 둘 다 취해 가신다 하셨습니다. 하나님께서는 절대로 속지 않으십니다.

그들은 이 십일조를 레위인들에게 드렸습니다. 그러면 레위인들은 그 중의 십 분의 일을 다시 제사장에게 드렸습니다. 그러므로 십일조는 복 받는 도구이기 이전에 교회를 유지하고 성직자들을 책임지는 정신으로 하였습니다. 말라기 3장 10절도 그런 내용입니다.

오늘날도 목사를 청빙할 때는 생활을 보장할 만한 월 사례비와 주거를 어떻게 책임질 것인지를 먼저 밝히도록 되어 있습니다. 다시 말해 십일조 규정에는 교회 공동체를 책임지겠다는 정신이 들어 있는 것입니다. 그리고 십일조는 에덴동산에서부터 시작되었습니다. 이후 섬세한 규정이 시내 산 율법에서 만들어졌지요.

신약시대에 들어와서 이러한 숫자 개념은 모두 사라졌습니다. 십일조라는 단어 자체가 없습니다. 모든 명문 규정도 사라졌습니다. '헌금'이라는 단어는 누가복음 21장에 딱 한 번 나옵니다. '헌물, 예물'과 같은 단어는 일체 등장하지 않습니다. 다만 바울이 '연보'라는 단어를 사용한 것을 볼 수 있습니다. 그것도 '너그러운 연보', '후한 연보'라는 뜻을 가진 '하 풀로테스'(ἁπλότης)라는 단어를 사용하고 있습니다(고전 16:1; 고후 8:2, 20, 9:5, 11, 13). 연보는 헌금이라기보다는 '예루살렘 교회 구제를 위한 모금'입니다. 바울이 고안해 낸 선교 전략이었죠.

신약에 들어와서는 두 가지 기준만 제시되어 있습니다. '정직함'과 '자원함'이라는 무척 모호해 보이는 기준입니다. 그것도 '모금'에 관하여 이야기할 때 사용된 단어입니다. 왜 그럴까요? 십일조는 하나님께서 직할 통치하실 때 백성이 이해하기 쉽도록 규정으로 명문화한 것입니다. 제사지내는 절차도 일일이 정해 놓지 않았습니까? 그런데 신약시대는 성령의 시대입니다. 하나님이 개인에게 직접 들어오셔서 통치하시는 시대입니다. 불문법의 시대가 된 것입니다. 따라서 헌금 규정도 하나님이 제정하신 성문법 체제에서 성령님 주도의 불문법 시대로 바뀌었습니다.

> "이것이 곧 적게 심는 자는 적게 거두고 많이 심는 자는 많이 거둔다 하는 말이로다 각각 <u>그 마음에 정한 대로</u> 할 것이요 인색함으로나 억지로 하지 말지니 하나님은 <u>즐겨 내는 자를</u> 사랑하시느니라"
> (고후 9:6-7).

여기서 '적게', '많이'라는 불문법 용어가 등장합니다. '마음에 정한 대로 하라'는 용어도 등장합니다. 명확한 수치를 제시하고 있지 않습니다. 헌금을 드리는 기준을 첫째, 마음에 정한 대로, 둘째, 즐겨 내라고 제시하고 있습니다. 신약시대의 헌금 기준은 이런 식입니다. 그러나 훨씬 정확한 방법입니다. 구약시대는 법에 맞는지 틀린지를 인간이 판단했습니다. 그리고 그 기준도 법조문이었습니다. 그러므로 외형적으로는 정확해 보입니다. 그런데 신약시대는 금액이 아니라 마음의 태도와 자세를 기준으로 삼고 있습니다. 인간의 판단이 아니라 하나님이신 성령님이 판단하고 결정하십니다. 그러므로 성령님이 하시는 말씀을 과연 마음으로 승복하여 순종하느냐가 중요합니다. 우리 마음의 태도와 자세가 중요한 시대인 것입니다. 외형적인 법조문대로 갖추었느냐를 따진 구약시대와는 아주 딴판입니다.

'마음에 정한 대로'라 함은 '성령님이 말씀하신 대로'라는 뜻입니다. 이것을 '정직함'이라고 합니다. 그래서 성령님의 말씀을 제대로 알아듣느냐 마느냐가 핵심적인 조건이 되었습니다. 성령님의 지시하심을 잘 알아듣지 못하면 헌금을 잘못할 수밖에 없습니다. 그래서 편의상 구약의 방법을 그대로 원용하고 있는 것입니다. 이해하기 쉬운 구약의 헌금 규정을 오늘날도 그대로 준용하면 온전한 헌금이라고 말할 수 없습니다.

'즐거이 한다'는 것은 '자원함'으로 하는 것을 말합니다. 구약시대에는 법을 지키기 위해 수동적인 헌금을 했습니다. 벌을 받지 않기 위해서가 첫 번째이고 하나님은 그 다음입니다. 신약시대에는 하나님이 첫 번째입니다. 헌금 드리는 것을 즐거워한다는 것은 하나님께 드리는 것을 즐거워하라는 것입니다. 고린도후서 9장 6절에서 '적게 심는다' 함은 인색함으로 헌금하는 것을 말하고, '많이 심는다' 함은 '찬양하는 마음으로 거리낌 없이 드림'을 의미합니다. 하나님도 '즐겨 내는 자를 사랑하신다'고 하십니다. 다시 말해 양이 아니라 드리는 태도를 말하고 있습니다. '자원함'이란 이런 마음의 태도를 말합니다.

마음속에서 '인색병'이나 '따지는 병'에 따라 결정하면 정직하지 않은 것입니다. 즐거이 드릴 수도 없습니다.

'온전한 헌금 생활'이란 금액으로나 태도와 마음가짐으로나 완벽한 것을 말합니다. 구약시대에는 외적인 숫자만 맞추면 100점이었으나, 지금은 마음의 태도와 성령께 완전 승복하는 정직함이 있어야 하는 것입니다. 하나님을 속일 수 없다는 엄연한 사실을 인정하고 '정직함'과 '자원함'으로 헌금을 해야 하는 것입니다. 그런 의미에서 온전한 헌금은 결코 쉽지 않습니다.

바울은 헌금에 대해 어떻게 이야기했을까?

바울은 헌금 외에 '연보'를 거뒀습니다. 그렇다면 신약시대에는 헌금이 헌금과 연보로 이원화되었다고 할 수 있습니다. 헌금은 교회의 본원적 활동에 사용되지만 연보는 오직 구제에만 목적을 둔 것입니다. 이러한 '연보'를 거두면서 바울은 '힘에 넘치게 하라', '많이 하라'고 했습니다.

사람은 맘몬의 습관에 젖어 있어서 인색함으로 헌금할 가능성이 높습니다. 가능하면 적게 하고 싶어 하는 죄성이 주도하기 쉽고, 성령님의 말씀을 듣지 못하거나 들어도 순종하지 않을 가능성이 높습니다. 이를 누구보다 잘 아는 바울은 '힘에 넘치게 하라', '많이 하라'는 높은 기준을 제시함으로써 그런 방향으로 가지 말도록 독려하고 있는 것입니다.

"형제들아 하나님께서 마게도냐 교회들에게 주신 은혜를 우리가 너희에게 알리노니 환난의 많은 시련 가운데서 그들의 넘치는 기쁨과 극심한 가난이 그들의 <u>풍성한 연보를 넘치도록</u> 하게 하였느니라 내가 증언하노니 그들이 <u>힘대로 할 뿐 아니라 힘에 지나도록 자원하여</u> 이 은혜와 성도 섬기는 일에 참여함에 대하여 우리에게 간절히 구하니 우리가 바라던 것뿐 아니라 그들이 먼저 자신을 주께 드리고 또 하나님의 뜻을 따라 우리에게 주었도다 그러므로 우리가 디도를 권하여 그가 이미 너희 가운데서 시작하였은즉 이 은혜를 그대로 성취하게 하라 하였노라"(고후 8:1-6).

"너희가 모든 일에 넉넉하여 <u>너그럽게</u> 연보를 함은 그들이 우리로 말미암아 하나님께 감사하게 하는 것이라"(고후 9:11).

'힘껏 해라', '너 할 수 있는 최대한을 해라', '이왕이면 많이 해라', 이것이 바울의 헌금에 관한 권면입니다. 그동안 구약적 방법으로 숫자만 맞춰서 헌금하다가 바울의 권면대로 하려면 부담스러울 수 있습니다. 하지만 묵은 고정관념은 하루빨리 벗어야 합니다. 성도는 일차적으로 교회를 전적으로 책임져야 합니다. 그리고 세상을 책임져야 합니다. 앞의 것이 헌금, 뒤의 것이 연보입니다. 교회는 양을 섬기는 목회의 일과 세상을 섬기는 구제의 일로 크게 나눌 수 있습니다. 여기에 각각 소요되는 헌금과 연보는 성도의 당연한 책임입니다.

또 바울은 저축했다가 연보하라는 독특한 기준을 제시했습니다. 예루살렘 교회가 흉년을 맞아 어려움에 빠지자 바울은 마게도냐 지역의 교회들로부터 구제헌금을 모금하여 예루살렘 교회를 도왔습니다. 이때 사용한 방법이 '저축'이었습니다. 그러므로 목적이 있는 헌금은 장기간 저축하여 헌금하는 방식이 유용하다고 할 수 있으며, 이 방법을 잘 배울 필요가 있습니다. 우리는 그동안 구제를 하든지, 건축을 하든지 혹은 특별한 목적의 헌금을 할 때, 그 자리에서 기도 한번 하고 즉석에서 헌금을 했습니다. 특히 건축헌금을 할 때 '작정'해서 했는데, 이는 저축 방식과 완전히 반대된다는 점에서 많은 폐단을 낳고 있다고 생각합니다.

"이는 내가 너희의 원함을 앎이라 내가 너희를 위하여 마게도냐인들에게 아가야에서는 <u>일 년 전부터 준비하였다</u>는 것을 자랑하였는데 과연 너희의 열심이 퍽 많은 사람들을 분발하게 하였느니라 그런데 이 형제들을 보낸 것은 이 일에 너희를 위한 우리의 자랑이 헛되지 않고 내가 말한 것같이 <u>준비하게 하려 함이라</u> 혹 마게도냐인들이 나와 함께 가서 너희가 <u>준비하지 아니한 것</u>을 보면 너희는 고사하고 우리가 이 믿던 것에 부끄러움을 당할까 두려워하노라 그러므로 내가 이 형제들로 먼저 너희에게 가서 너희가 전에 약속한 연보를 <u>미리 준비하게 하도록</u> 권면하는 것이 필요한 줄 생각하였노니 이렇게 준비하여야 참 연보(복)답고 억지(탐심)가 아니니라" (고후 9:2-5).

"성도를 위하는 연보에 관하여는 내가 갈라디아 교회들에게 명한 것같이 너희도 그렇게 하라 매주 첫날에 너희 각 사람이 수입에 따<u>라 모아 두어서</u> 내가 갈 때에 연보를 하지 않게 하라"(고전 16:1-2).

우리나라는 그동안 절대 빈곤 시기를 지나면서 즉석 헌금 혹은 작정 헌금 방식을 즐겨 사용했는데 이제는 이런 나쁜 유산을 청산하고 '저축하여 헌금'하는 방식으로 발전해 가야 한다고 봅니다. 목적별로 저축하기 위해 '통장 갖기 운동'이라도 펴야 하지 않을까요? 헌금을 작정케 하는 것은 하나님께 강제로 빚을 지게 하는 것이니 무서운 일이 아닐 수 없습니다.

예수님은 십일조에 대해 어떻게 말씀하셨을까?

예수님은 헌금 자체에 대해서는 언급하신 적이 없습니다. 다음의 말씀은 바리새인들이 헌금하는 태도를 지적하신 내용입니다.

"화 있을진저 외식하는 서기관들과 바리새인들이여 너희가 박하와 회향과 근채의 십일조는 드리되 율법의 더 중한 바 정의와 긍휼과 믿음은 버렸도다 그러나 이것도 행하고 저것도 버리지 말아야 할지니라"(마 23:23, 참조 눅 11:42).

이 말씀은 '가인의 예물'에 대한 예수님의 해석이라고 할 수 있습니다. 기계적, 의무적, 형식적 논리로 드리는 헌금은 무효라는 것입니다. 거기에 의(義)와 인(仁, 긍휼)과 신(信)을 더하여 드리면 '아벨의 제사'가 되는 것입니다. 즉 행위로 사람들에게 신자답다는 평판을 듣지 못하면서 돈만 드리면 무슨 소용이 있냐는 꾸중입니다.

여기서 '의'란 나의 언행이 발라서 신뢰 받고 사람들에게 유익해야 함을 말합니다. '인'은 우월한 자가 당연히 베푸는 긍휼을 말합니다. '신'은 하나님에 대한 믿음을 말합니다. 우리는 '헌금' 하면 곧장 '돈'이라고 생각하는데 주님은 '신자다움'에 '돈'을 더했을 때 온전한 헌금이 된다고 했습니다. 그러므로 돈만 드리는 것은 참으로 유해하고도 악한 일이라 하겠습니다. 더구나 복 받을 목적으로 돈을 드리는 것은 하나님을 모독하는 행위라 하겠습니다. 구약의 성문법적 기준 때문에 우리는 어느 사이에 이런 외표 중심의 헌금 습관을 몸에 붙이고 있습니다.

특히 주님은 헌금을 드리는 태도에 대해서 몇 차례 지적하셨습니다. 바리새인들의 헌금과 부자 청년의 헌금이 그 예입니다. 바리새인들은 '이레에 두 번씩 금식했다'고 합니다. 그리고 '소득의 십일조를 정확하게 드렸다'고 합니다. 그런데 그는 높임을 받지 못했습니다. 그는 십일조를 성실히 해서 '복 받을 요건'을 완벽하게 갖추었지만 주님이 요구하시는 기준과는 전혀 맞지 않았습니다. 바리새인은 하나님을 위해서 헌금한 것이 아니라 복 받을 조건을 만들기 위해 했기 때문입니다.

우리도 오늘날 이런 동기로 헌금을 합니다. 무서운 일입니다. 복 받을 목적으로, 그리고 장로의 조건, 집사의 조건, 신자의 요건을 갖추기 위해서 헌금하고 있지 않습니까? 하나님은 이런 헌금을 카운트하지 않으십니다.

"또 자기를 의롭다고 믿고 다른 사람을 멸시하는 자들에게 이 비유로 말씀하시되 두 사람이 기도하러 성전에 올라가니 하나는 바리새인이요 하나는 세리라 바리새인은 서서 따로 기도하여 이르되 하나님이여 나는 다른 사람들 곧 토색, 불의, 간음을 하는 자들과 같지 아니하고 이 세리와도 같지 아니함을 감사하나이다 나는 이레에 두 번씩 금식하고 또 소득의 십일조를 드리나이다 하고 세리는 멀리 서서 감히 눈을 들어 하늘을 쳐다보지도 못하고 다만 가슴을 치며 이르되 하나님이여 불쌍히 여기소서 나는 죄인이로소이다 하였느니라 내가 너희에게 이르노니 이에 저 바리새인이 아니고 이 사람이 의롭다 하심을 받고 그의 집으로 내려갔느니라 무릇 자기를 높이는 자는 낮아지고 자기를 낮추는 자는 높아지리라 하시니라"(눅 18:9-14).

예수님은 과부의 헌금에 대해서 100점이라고 하셨습니다. 요즘 가치로 100원짜리 동전 두 개를 드렸을 뿐인데 '가장 많이 했다'고 하신 것입니다. 사람들은 금액을 보고서 헌금이 많다 적다 하는데 예수님은 '가진 것 중에서 얼마'를 드렸는가를 보십니다.

예를 들어, A라는 사람은 1억 원을 헌금했습니다. B라는 사람은 100만 원을 했고 C라는 사람은 1만 원을 했습니다. 또 한 사람은 200원을 했습니다. 그런데 A는 1,000억 원 중에서 1억 원을 헌금했습니다. 0.1%를 헌금한 것입니다. B는 1억 원 중에서 100만 원 했으니 1% 했습니다. C는 10만 원 중에서 1만 원 했으니 10%를 한 것입니다. 그런데 과부는 200원 중에서 200원을 했습니다. 100%를 한 것입니다. 주님은 그래서 과부가 가장 많이 했다고 하신 것입니다.

하나님은 금액을 보지 않으십니다. 가진 것 중에서 몇 % 내는지를 보십니다. '많이 받은 자에게는 많이 찾을 것이요, 많이 맡은 자에게는 많이 달라 할 것'이라고 하셨습니다(눅 12:48).

주님은 금액에 눈속임당하지 않으십니다. 금액을 따지는 것은 사탄이 좋아하는 방법인 줄 잘 아십니다. 그런데 우리는 사탄이 가르쳐 준 옛 습관대로 금액을 기준하여 헌금합니다. 모든 것을 눈에 보이는 액수로 평가

합니다. 잘못된 것입니다. 사탄에게 칭찬받으려면 '큰 금액'으로 해야 합니다. 그런 헌금하고서 거만해질 것입니다. 그러나 하나님께 칭찬 들으려면 %를 높여야 합니다. '금액'을 생각하면 '인색병'과 '따지는 병'이 도져서 주물럭거리다가 처음 드리기로 마음먹은 금액의 1/10, 혹은 1/100로 줄어들기 십상입니다. 그러므로 과부보다는 더 잘하기를 힘쓰십시오.

주님은 누구에게나 전 재산을 바치라고 하시지 않습니다. 사교(邪敎) 집단에서는 항상 전 재산을 요구하지만 주님은 그런 특별한 사명을 준 사람에게만 요구하십니다. 그러므로 전 재산을 요구하는 경우라면 큰 복을 받겠지요. 그러나 그 진의를 잘 확인하기 바랍니다.

헌금을 드리는 태도는 어떠해야 하는가?

십일조를 드리는 태도는 어떠해야 합니까? 창세기 4장으로 가겠습니다.

"세월이 지난 후에 가인은 땅의 소산으로 제물을 삼아 여호와께 드렸고 아벨은 자기도 양의 첫 새끼와 그 기름으로 드렸더니 여호와께서 아벨과 그의 제물은 받으셨으나 가인과 그의 제물은 받지 아니하신지라 가인이 몹시 분하여 안색이 변하니 여호와께서 가인에게 이르시되 네가 분하여 함은 어찌 됨이며 안색이 변함은 어찌 됨이냐 네가 선을 행하면 어찌 낯을 들지 못하겠느냐 선을 행하지 아니하면 죄가 문에 엎드려 있느니라 죄가 너를 원하나 너는 죄를 다스릴지니라"(창 4:3-7).

우리가 잘 아는 말씀입니다. 저는 이 말씀의 제목을 '아벨의 제사'라고 붙이고 싶습니다. 성경은 창세기 4장 3절에서야 비로소 제사에 대해 언급하고 있습니다. 이때부터 제사에 문제가 생겼기 때문입니다.

결론부터 말하면, 하나님이 제사 같지 않은 제사를 드린 자를 혼내셨다는 얘기입니다. 누가 혼났습니까? 가인입니다. 그런데 이 말씀에서 가인이 나쁜 사람이라거나 제사를 대충 드렸다거나 하는 내용은 없습니다. 또 그런 뜻이 아닙니다. 가인은 당시 제사법의 대표성을 가지고 있습니다.

따라서 가인이 드린 제사법은 당시 사회에서 통용되던 방법입니다. 그런데 그 제사가 틀렸다고 하나님께서 지적하고 계십니다. 이것은 가인 개인을 지적한 것이 아니라 당시 사회와 제사 전통을 지적하신 것입니다.

하나님께서는 가인의 제사를 죄라고 말씀하십니다. 죄가 너를 주장하고 있으니까 너는 죄를 먼저 다스리라고 하십니다. 즉 사탄이 말하는 대로 내게 제사를 드리는데 그것이 죄인 줄 알지 못하느냐고 꾸짖고 계십니다.

그렇다면 왜 아벨의 제사는 받으셨을까요? 아벨은 목축업을 했기 때문에 짐승을 잡아서 드렸습니다. 가인은 농사를 지었으므로 농사 소출로 제사를 드렸습니다. 그랬더니 식물성 가인의 제사는 받지 않으시고 육식성 아벨의 제사는 받으셨습니다. 하나님은 식물성은 싫어하시고 기름진 육식성을 좋아하신 걸까요? 당연히 아니지요. 그렇다면 이유가 뭘까요? 그리고 아벨은 왜 당시 사람들이 드리던 방법대로 제사를 드리지 않았을까요? 다시 말해 모두가 농산물로 제물을 드릴 때 왜 아벨은 짐승으로 제물을 드렸을까요?

이것에 대해 성경학자들은 가인의 죄와 연결하여 설명합니다. 즉 당시 사람들은 농사를 지었는데 그것은 고상한 직업이었습니다. 그런데 장남인 가인이 동생 아벨에게는 땅 한 평도 주지 않아서 아벨은 할 수 없이 목축을 하게 되었고, 제물도 짐승을 드릴 수밖에 없었다는 거지요. 가인이 나쁜 사람이었다는 얘깁니다. 멋진 통찰력이라고 생각되지만, 그렇다면 가인의 제사를 받지 않은 이유는 될지언정 아벨의 제사를 받아 주신 이유는 밝혀지지 않습니다. 그리고 가인이 그런 이유로 아벨을 죽였을까 생각하면 영 신통한 설명이 아닌 것 같습니다.

여기서 가장 핵심적인 사건은 아벨이 짐승을 잡아 드렸다는 것입니다. 왜 짐승을 잡아 드렸을까요? 그리고 하나님은 왜 다른 사람들이 드리는 제사는 받지 않으시고 아벨의 제사만 받으셨을까요?

여기서 질문 하나 하겠습니다. 아벨이 짐승을 잡기 전에 성경에 살생 기록이 있습니까, 없습니까? 없다고요? 아닙니다. 있습니다! 그 기록이 뭡니까? 하나님이 아담에게 지어 준 가죽옷입니다. 하나님께서 최초로 살생을 하신 것입니다.

아담과 하와가 죄를 짓자 자신들이 벌거벗은 것을 부끄럽게 여겼습니다. 행복했던 모습이, 완벽했던 모습이 부끄럽게 된 것입니다. 순리가 역리로 바뀌면 제일 좋은 게 가장 악한 것이 됩니다.

그래서 그들은 나뭇잎을 엮어 벗은 모습을 가렸습니다. 하나님이 보시고 너무 안타까워서 가죽옷을 만들어 주시기로 하고, '몇 날 몇 시 어디서 짐승을 잡는다'는 방(榜)을 붙이셨습니다. 목적은 아담과 하와에게 '가죽 팬티'를 만들어 주기 위해서입니다. 아담과 하와는 그 방을 보고 그날 그 시에 가서 짐승 잡는 것을 구경하게 됐습니다. 아담과 하와는 하나님과 관계가 끊어져 버렸기 때문에 옛날에는 옆에서 쫑알거리며 구경했는데 지금은 옆에 못 가고 저기 먼발치 숲속에 숨어서 하나님이 무엇을 어떻게 하나 바라보고 있었습니다.

하나님께서 어떤 짐승을 한 마리 부르더니 "이리 오너라. 너 좀 죽어야겠다." 그러자 "네, 죽겠습니다" 해서 하나님께서 그 짐승을 죽이십니다. 짐승이 죽을 때 눈이 뒤집히고 입에서는 거품을 내뿜으며 가쁜 숨을 내쉽니다! 사지를 바들바들 떨며 처참하게 죽어 갔습니다. 아담과 하와가 이

136

걸 바라보다가 숨이 멎는 듯했습니다! 다리가 바들바들 떨리고 오금이 저리고 정신이 혼미해졌습니다. 조금 전까지도 볼을 비비며 뽀뽀하면서 놀던 바로 그 짐승입니다! 짐승이 죽는 것을 처음 봤습니다! 너무 충격적이었기 때문에 그 피를 보면서 두 사람은 바들바들 떨면서 이성을 잃고 눈물 콧물을 흘리면서 가슴을 칩니다.

"우리 죄 때문에~ 네가 죽는구나! 우리가 너처럼 그렇게 처참하게 죽어야 하는 것인데 우리 죄 때문에 네가 대신 죽는구나~!"

그들은 방성통곡을 하며 죄를 회개했습니다.

이건 제가 만든 얘기가 아니고 시내 산에서 하나님께서 모세에게 설명하신 제사법입니다. 너희는 짐승을 끌고 번제단 앞에 서라, 레위인에게 넘겨준 뒤 옆에 서 있거라, 레위인이 망치로 이마를 치면 짐승이 꽈당 넘어지며 숨을 가쁘게 몰아쉬고 바들바들 떨며 죽어 갈 것이다, 그것을 보면서 가슴을 치며 회개하라고 한 것입니다. 하나님은 이미 창세기에서 그 모형을 보이신 것입니다. 그때 하나님의 손에 의해서 처참하게 죽어 간 이 죄 없는 짐승은 우리 죄를 위하여 십자가에서 죽기까지 순종하신 어린 양 예수님의 모델입니다.

아담과 하와는 치가 떨리고 가슴이 미어지는 고통의 사건을 잊을 수가 없었고, 틈만 나면 가인과 아벨에게 그 사건을 얘기했습니다.

"너희들은 죄 짓지 마라. 얼마나 무서운지 아니? 옛날에 짐승 잡을 때 우리가 아주 죽을 뻔했다. 절대 죄 짓지 마라."

어느 날 아벨이 '어떻게 하면 하나님께 제대로 된 제사를 드릴까' 하다가 문득 아빠 엄마가 귀에 못이 박이도록 들려준 짐승 잡은 사건이 생각났습니다. '맞다, 나를 잡아서 하나님께 드려야겠다!' 그래서 자기가 치던 짐승들 중에서 제일 예쁜 놈을 골라 하나님이 짐승 잡던 그 기분으로 이 짐승을 잡고, 그 짐승이 죽어 가는 모습을 보면서 통곡했던 것입니다. "하나니~임! 이것은 접니다! 저를 받아 주세요!" 그랬더니 하나님께서 "네 제사가 맞다. 가인의 제사는 틀렸다. 형식적으로, 습관적으로, 의무적으로 드리는 제사는 제사가 아니다. 아닐 뿐만 아니라 죄다!"고 말씀하신 것입니다.

제사를 드리는 태도에 대해서 이보다 더 분명하게 얘기한 말씀이 없습니다. 그럼 이런 말씀은 창세기 때니까 그랬을까요? 아니요! 신약에서도 이와 같은 제사를 요구하십니다.

> "그러므로 형제들아 내가 하나님의 모든 자비하심으로 너희를 권하노니 너희 몸을 하나님이 기뻐하시는 거룩한 산 제물로 드리라 이는 너희가 드릴 영적 예배니라"(롬 12:1).

하나님께서는 오늘날도 여전히 아벨의 제사를 원하십니다! 아벨처럼 자신의 몸을 산 제물로 드리기를 원하십니다. 그러므로 십일조를 드릴 때는 '아벨의 고백'을 꼭 하셔야 합니다.

"하나님, 이 헌금은 제 목숨입니다. 제 생명을 받아 주세요!"

또 십일조를 드릴 때는 '선악과 고백'이 하나 더 필요합니다. 앞에서도 이야기했지만 선악과는 하나님의 소유권 표지입니다. 십일조를 드릴 때는 하나님의 소유권을 인정하는 고백이 반드시 필요합니다. 어떻게 하면 될까요? 따라서 하십시다.

"하나님, 나의 모든 소득과 나의 모든 소유의 주인이 하나님인 것을 인정하는 신앙고백으로 이 헌금을 드립니다! 받아 주세요!"

십일조든지 감사헌금이든지 구제헌금이든지 헌금을 드릴 때는 반드시 봉투를 만들어서 온 식구가 무릎 꿇고 둘러앉아 이와 같은 고백을 한 다음 교회로 가져오기 바랍니다. 그렇게 하고 와야 로마서 12장 1절의 산 제물이 됩니다. 지금까지처럼 월례행사 하듯이 기계적으로 헌금통에 집어넣는 것은 가인의 제사입니다. 이런 헌금은 하나님께서 안 받으십니다. 하나님께 전달이 안 되면 아무리 큰돈을 드려도 무슨 의미가 있겠습니까? 교회를 돕는 일은 될지 모르지만 하나님과 통하지 않는 헌금이라면 썩어 버립니다. 생명의 고백이 없으면 헌금은 돈에 불과해서 썩고 맙니다.

십일조,
이것이 궁금하다 1

십일조를 드리는 여러 가지 사례를 살펴보겠습니다. 십일조는 어떻게 드려야 할까요? 그 원칙을 제시해 보겠습니다.

★ 헌금은 출석하는 교회에 드린다?

모든 교회가 헌금은 출석하는 교회에 드린다고 가르칩니다. 맞습니까, 틀립니까? 고린도전서 9장 말씀을 보겠습니다.

> "나를 비판하는 자들에게 변명할 것이 이것이니 우리가 먹고 마실 권리가 없겠느냐 우리가 다른 사도들과 주의 형제들과 게바와 같이 믿음의 자매 된 아내를 데리고 다닐 권리가 없겠느냐 어찌 나와 바나바만 일하지 아니할 권리가 없겠느냐 누가 자기 비용으로 군 복무를 하겠느냐 누가 포도를 심고 그 열매를 먹지 않겠느냐 누가 양 떼를 기르고 그 양 떼의 젖을 먹지 않겠느냐"(고전 9:3-7).

사도는 결혼한 아내와 함께 교회의 부양을 받을 권리가 있습니다. 생계를 위해 일하지 않고 오직 복음 사역에만 집중하도록 교회가 부양할 책임이 있습니다. 군사가 자비량으로 전장에 나가지 않듯이, 포도 심은 자가 자기 밭의 포도를 먹을 권리가 있듯이, 양 기르는 자가 그 양의 젖을 먹을 수 있듯이 사도는 교회의 부양을 받을 권리가 있습니다. 그러니까 십일조는 출석하는 교회에 드리는 것이 '원칙'입니다.

교회는 청빈한 교역자들에게 최소한의 생활비 혹은 시장가격에 의한 사례비만 주면 끝나는 것이 아닙니다. 목회자 개인은 물론, 그 가족의 생계까지도 책임져야 합니다. 그들의 업무량이나 생산성에 따라 시장가격으로 차등 지급하는 것은 성경적이지 않습니다. 시장가격이란 다른 교회에서 얼마 주니까 우리도 얼마 준다는 식으로 결정하는 것을 말합니다.

왜 다른 교회와 비교합니까? 그분의 형편과 교회의 형편만 중요합니다. 교회 형편이 안 되는데 빚을 내서 줄 수 있나요? 반대로 돈이 많으면서 가능하면 인색하게 주려 합니까? 그를 몸으로 안은 이상 그들의 생계를 책임지는 것은 교회의 책임입니다. 일을 잘하고 못하고는 하나님과 그분과의 문제입니다. 그가 설령 능력이 떨어지고 기여도가 낮더라도 교회는 그런 가치와 상관없이 몸으로서 책임을 다해야 합니다. 능력이나 학벌, 경력을 근거로 사례를 결정하면 안 됩니다. 유일한 기준은 '그 사람의 필요'입니다. 어느 교회의 일을 소개하겠습니다.

찬양 인도자를 청빙하기 위해 목사가 후보자를 만났습니다. 목사가 "한 달에 필요한 금액이 얼만가?" 묻자 후보자가 "한 달에 150만 원 필요합니다" 했습니다. "그럼 다른 수입이 있는가?" 묻자 "40만 원 정도 있습니다" 했습니다. "그러면 110만 원으로 정하면 되겠구먼. 어떤가?" 그렇게 월급을 정하고 그를 청빙했다고 합니다. 이력서 보고 청빙하는 것은 세상에서 하는 방법입니다.

능력에 따라 사례비에 차등을 두어서는 안 됩니다. 하나님이 지명하여 우리에게 붙이셨다는 점을 간과해서는 안 됩니다. 교회에서 쫓겨난 목사를 우리가 책임진다면 그것은 아주 귀한 일입니다(눅 12:42-44). 또한 담임목사한테는 잘하려고 하면서 부교역자나 교회 직원한테는 종 부리듯이 하면 안 됩니다. 매우 잘못된 것입니다.

한편, 교회를 보편적 개념으로 본다면 모든 그리스도인은 모든 교회를 책임져야 합니다. 자기 교회만 잘 먹고 잘살면 안 됩니다. 그런 점에서 성도들이 어려운 교회를 돌아보며 헌금을 여러 교회에 나누어 하는 것은 전혀 잘못이 없습니다. 다만 주의할 것이 있습니다. 헌금자의 이름이 드러나거나 헌금 받은 교회의 자랑이 되면 안 됩니다. "목사님, 제 헌금을 무기명으로 해주시렵니까, 아니면 동네방네 소문내시렵니까? 무기명 약속을 해주시면 하고 그렇지 않으면 못 합니다"라고 말할 수 있어야 합니다.

★ 십일조를 특수한 목적으로 지정할 수 있다?

십일조의 용도는 절대로 자기가 정할 수 없습니다. "십일조를 선교 비용으로 써 주세요" 했다면 그것은 선교헌금입니다. 십일조를 모아 놨다가 교회에 꼭 필요한 피아노 사오고 빔 프로젝트 사오고 마이크 하나 사왔다면 됩니까? 절대 안 됩니다. 교회에 필요한 물건을 헌물하려면 십일조와 상관없이 따로 해야 합니다. 십일조에 대한 발언권은 오직 하나님께만 있습니다.

★ 주정 헌금이나 월정 헌금은 온전한 십일조다?

지금도 있는지 모르겠지만 옛날에는 주정 헌금과 월정 헌금이 많았습

142

니다. 그러나 주정 헌금, 월정 헌금이 온전하다고 볼 수 없습니다. 십일조를 훈련시키기 위한 아이디어일 뿐입니다. 가령 주 5만 원을 내기로 했다고 합시다. 더 벌 수도 있고 그 이하로 벌 수도 있습니다. 그러면 적자일 때는 빚을 내서 '약속한' 헌금을 내야 합니다.

그런데 이 방식이 꼭 필요한 사람이 있습니다. 수입이 불규칙한 사람들은 십일조를 내는 것이 간단하지 않습니다. 라면 한 봉지 팔고 아이스크림 두 개 팔았다면 헌금을 얼마 내야 할까요? 오늘 총 얼마를 팔았는지, 원가가 각각 다른데 이익이 얼마 났는지 알기 어렵습니다. 이처럼 수입이 불특정한 경우, 나름의 십일조 산출 공식을 하나님 앞에서 정직하게 만들어 놓고 그대로 드리면 온전한 십일조라고 할 수 있습니다. 하나님은 정확한 숫자를 요구하는 것이 아니라 그 태도와 마음을 보시기 때문입니다.

★ 기업도 십일조 한다?

목회자는 기업도 십일조를 내도록 지도해야 합니다. 개인 사업자일 경우는 개인 수입에 대한 십일조를 나름대로 하면 되고, 주식회사라든지 복식 부기를 쓰고 세무서 감사를 받고 신문에 공고하는 정식 법인인 경우에는 사장 개인의 헌금 말고 기업의 십일조를 해야 합니다. 법인인 경우 기준이 뭘까요? 부가가치액에 대한 십의 일을 내면 맞습니다.

부가가치에 대한 십일조는 1년에 한 번 내면 됩니다. 기업은 1년에 한 번 결산하기 때문에 매월 결산해서 얼마인지 계산할 방법이 없습니다. 그러나 기업이 십일조를 제대로 드리려면 대개는 금액이 너무 커서 부담스럽습니다. 그래도 헌금할 수 있도록 격려해야 합니다.

그러나 십일조를 드리는 것이 온당하지만 정 부담스럽다면 세법이 인정하는 기부금 규정을 적용한 기부금만이라도 헌금해야 합니다. 그러나 이 세법은 사탄이 정한 것입니다. 가이사의 것은 가이사에게 주라고(세법) 정해 놓은 뒤 하나님 것은 하나님께 드릴 수 있는 한도를(기부금) 사탄이 상세하게 정해 놓은 법입니다. 최소한 이것만이라도 지키고, 싫으면 성경이 말하는 '십일조'를 제대로 낼 수 있기를 바랍니다.

법인의 경우는 법인세법에서 규정하고 있고, 개인의 경우는 소득세법에서 규정하고 있는데요, 헌금은 소득 금액에서 공제해 주고 있습니다. 그러니까 기부금에 대한 그 회사의 세율만큼 세금이 줄어드는 효과가 있지요.

참고

교회 다움의 수요예배는 '주중예배'라고 한다. 수요일에만 고정하지 않고 '찾아가는 목회' 정신을 따라 상대의 필요에 부응하는 내용을 다루고 있다. 주중예배에서는 '성경적 경영 강좌'만 열고 있다. 거기서 강의된 내용 중 이 내용에 관한 부분만 발췌하여 여기에 옮겨 적는다.

사업의 십일조

2009. 7. 26. 8시 / 교회 다움 민걸 목사

기업이 십일조를 드리는 것은 당연하다. 구약에서 제시하는 헌금 규칙은 당시의 농경문화를 반영한 것이기 때문에 얼핏 보면 개인의 소득만 헌금의 대상인 것처럼 이해하기 쉽다. 그러나 오늘날처럼 다양한 사회에서는 하나님이 공급하시는 소득의 루트가 이루 말할 수 없을 만큼 다양해졌다.

1. 십일조를 총수익에서 드리나, 순이익에서 드리나?

- 총수익 공식:

  총수익(하나님의 공급액) = 세금(국가 몫) + 이자(채권자 몫) + 순이익(투자자 몫, 주인 몫)

지금까지는 이 공식만 존재했는데 총수익에서 헌금을 하게 되면 이 공식은 다음과 같이 변경되어야 한다.

  총수익 − 헌금(하나님 몫) = 세금 + 이자 + 순이익

- 순수익 공식:

  총수익(하나님의 공급액) − 세금 − 이자 = 순이익(투자자 몫, 주인 몫)

여기서 헌금을 드린다면 공식은 다음과 같이 달라진다.

$$\text{순이익} - \text{헌금(하나님 몫)} = A\text{(투자자, 주인 몫)}$$

이상은 구조를 설명한 것이고, 실제 헌금액의 산출은 다음과 같다.

$$\text{총부가가치액} \times (\ )\% = \text{십일조}$$

- 총부가가치액은 다음과 같이 산출한다.
  총부가가치액 = 감가상각비 + 영업 제비용 + 순부가가치액

  (순부가가치액 = 인건비 + 세금 + 배당 + 임원 상여 + 사내유보)

  *매출액 = 원재료비(차입금 이자 포함) + 총부가가치액

- 그러니까 세상에서의 지출 우선순위는,
  1) 원재료비(원재료대, 차입금이자 등의 원재료 비용, 연료동력비, 포장비, 소모품비, 수선비)
  2) 감가상각비
  3) 영업 제비용
  4) 인건비
  5) 세금 - 배당금 - 임원 상여 - 사내유보 순이다.

- 이와 같은 세상의 우선순위에 '하나님 몫'을 어디쯤에 둘 것인가?

  1)번 다음에 지출할 것인가? 즉 감가상각비나 영업 제비용, 인건비와 세금, 배당금보다 먼저 헌금을 뗄 수 있겠는가?

  2)번 다음인가?

  3)번 다음인가?

  4)번 다음인가?

  5)번 다음인가?

  이것을 결정하는 것이 헌금하는 자세라고 할 수 있다.

"네 재물과 네 소산물의 처음 익은 열매로 여호와를 공경하라"(잠 3:9).

하나님 몫을 떼기 전에 세금을 떼는 것은 성경적이라고 할 수 있지만('가이사의 것은 가이사에게') 채권자의 몫(차입금 이자)을 먼저 떼는 것에 대해서는 심각하게 고려해야 한다. 빚 없는 경영을 목표로 하는 것은 그리스도인 사업가의 첫 번째 도전 항목이다. 그들은 하나님 몫을 떼기 전에 먼저 떼 간다.

2. 세법상 허용된 범위 내에서의 헌금

기업에 대한 기부금은 법인세법이 규정하고 있다. 개인의 경우는 소득세법에 규정되어 있다. 기업의 기부금 규정은 법인세법 24조, 법인세법 시행령 35, 36조/소득세법 34조, 시행령 79, 80조에 명시되어 있다.

★ 적자일 때도 십일조 한다?

맨날 적자인 가정에서는 십일조를 어떻게 해야 할까요? 드리기도 어렵고 안 드리기도 찝찝하시죠? 원칙을 먼저 살펴봅시다. 하나님이 우리에게 돈을 맡기실 때 지출우선순위가 있습니다. 우선순위(priority)란 두 개 이상의 요인이 상충할 때 어느 것을 먼저 하고 어느 것을 나중에 하느냐를 정할 때의 기준을 말합니다. 하나님은 돈을 주시며 어떤 우선순위를 우리에게 요구하실까요?

지출우선순위

(priority)

- P1: Obligation(의무)
  1) 헌금
  2) 투자

3) 빚에 대한 지출입니다.

이 세 가지 순서는 만인 공통입니다. 순서를 바꾸면 안 됩니다.

• P2: Needs(필수)

살아가는 데 필수적으로 필요한 것들입니다.

4) 주식비

5) 부식비

6) 세금

7) 월세나 관리비

8) 전기료, 가스료

9) 수도료

10) 교통비

11) 육아비

12) 교육비

13) 의료비

개인 사정에 따라 순서가 달라질 수 있습니다. 이것도 각자의 형편을 감안하여 순서를 정하기 바랍니다.

• P3: Wants(기호)

삶을 윤택하게 해주는 것들입니다.

14) 부모 용돈

15) 피복비

16) 경조비/선물비

17) 문화비

18) 취미활동비

19) 건강관리비

20) 휴가비

이것도 각자의 형편과 여건에 따라 순서가 달라질 수 있습니다. 미리 지출 순서를 정해 놓기 바랍니다. 사람에 따라 P2와 P3 항목 간에도 왔다갔다 할 수 있습니다.

적자인 사람은 대개 이 우선순위를 반대로 적용합니다. P3-P2-P1 이런 식으로요. 돈 생기면 옷부터 한 벌 사 입고, 여행 한 번 다녀오고, 집에 돌아오는 길에 쌀 한 봉지 사고 김치 사고 나니 돈이 떨어졌네, 합니다. 월세, 관리비는 못 내겠네, 헌금은 꿈도 못 꾸겠네 합니다. 그러면 하나님께서 이 살림을 방치하십니다. 하나님께 두 손 들고 찾아올 때까지 잠잠히 기다리십니다.

그러므로 P1부터 지출하십시오. 적은 돈이라도 헌금을 먼저 떼 놓고, 그 다음에 투자할 금액을 단돈 천 원이라도 하고, 그리고 융자금 이자를 먼저 갚고, 그런 다음 필수적인 것을 해 나가는 겁니다. 만일 10번 교통비 항목에서 돈이 떨어졌다면 거기까지만 하는 겁니다. 그 다음은 하나님의 손길을 기다려야 합니다. 하나님이 순종하는 이 사람의 살림을 보시며

"내 말대로 하다가 최소한의 생활도 어렵게 됐구나. 하고 싶은 것은 꿈도 꾸지 못하는구나" 하시며 안타까워하시죠. 그래서 이 살림에 개입하기 시작하십니다. 돈의 주인이 하나님이시기 때문에 직접 풀기 시작하시죠.

그러므로 적자 인생이라면 먼저 돈의 주인은 오직 하나님이라는 것, 모든 돈에 대한 대책은 하나님께만 있음을 인정하고 하나님과 대책을 마련하기 바랍니다.

★ 십일조는 기명으로 한다?

십일조는 기명으로 하는 것이 원칙입니다. 왜 그럴까요? 이것을 설명하기 위해 예를 들어 봅시다. 제가 재정부 일을 많이 해봤는데요, 헌금 계수할 때 보면 1,000~2,000원, 혹은 1~2만 원 들어 있는 십일조는 예외 없이 무기명입니다. 왜 그들은 무기명으로 했을까요? 창피하니까 그랬을 것입니다. 그러면 이 십일조는 누구의 체면 문제가 된 것입니까? 맞습니다. 헌금자의 체면이 된 것입니다. 그런데 십일조는 누구 거죠? 전적으로 하나님 거잖아요. 그렇다면 '내 자존심 아니다, 전적으로 하나님 거다' 하는 신앙과 배짱으로 기명으로 드려야 당당한 십일조가 되는 것입니다. 아무리 적은 금액이라도 기명으로 하는 것이 하나님께 반듯한 태도입니다.

그런데 상황에 따라서는 기명으로 하는 게 덕이 되지 않는 경우도 있습니다. 덕이 안 되는 경우에는 무기명으로 해야겠죠. 물론 재정위원들도 이런 헌금을 무기명으로 잘 지켜 줘야 합니다.

★ 십일조는 세금공제 전 금액을 기준으로 한다?

십일조는 세금공제 전으로 합니까, 세금공제 후로 합니까? 세금공제 전으로 해야 한다고요? 맞습니다. 세금공제 전 금액을 기준으로 합니다. 그동안 이 문제로 부부싸움 많이 하셨겠지만 성경이 그렇게 말씀하고 있습니다. 어떻게 하면 헌금을 많이 거둘까 해서 생긴 이야기가 아닙니다.

> "우리가 가이사에게 세를 바치는 것이 옳으니이까 옳지 않으니이까 하니 예수께서 그 간계를 아시고 이르시되 데나리온 하나를 내게 보이라 누구의 형상과 글이 여기 있느냐 대답하되 가이사의 것이니이다 이르시되 그런즉 <u>가이사의 것은 가이사에게, 하나님의 것은 하나님께 바치라</u> 하시니 그들이 백성 앞에서 그의 말을 능히 책잡지 못하고 그의 대답을 놀랍게 여겨 침묵하니라"(눅 20:22-26).

주님은 가이사의 것은 가이사에게 바치라고 하셨습니다. 가이사 정부가 아무리 세금을 악하게 거두고 또 악하게 사용할지라도 법을 지키라는 것입니다. 왜냐하면 세금을 내는 것이 직접적으로는 악한 정부를 돕는 일 같지만 하나님은 그 일보다 더 중히 보시는 게 있습니다. 세금을 내지 않으면 가난한 사람들의 고통이 더 커지는 것을 생각하신 것입니다. 그러므로 악한 정부를 돕는다고 생각하기보다는 하나님이 하시고자 하는 일을 바라보아야 할 것입니다. 악한 정부와 지도자들은 하나님께서 손보실 것입니다.

십일조,
이것이 궁금하다 2

　십일조에 대한 질문은 매우 다양하고 내용도 간절한 고민 속에서 나온 것입니다. 저는 이런 질문과 상담을 받을 때마다 괴롭습니다. 왜냐고요? 다들 자기에게 유리한 답변을 해달라는 식이거든요. 따지는 병, 인색병 때문이지요. 말은 번드르르한데 속셈은 다 시커멓단 말이죠! 자, 그래서 한 번 따라서 합시다. "'인색병'과 '따지는 병'을 단단히 쥐고 흔들어 주세요~!"

★ 적금을 탔습니다!

　매월 100만 원씩 12개월 부어서 만기 해약을 했습니다. 이 경우 십일조 금액은 얼마입니까?

　　　　　　　　　　　　　　　　　　　　　　(헌금액)

원금	매월 100만 원 × 12개월 =	1,200만 원 … **❶** 120만 원
이자		100만 원 … **❷** 10만 원
합계		1,300만 원 … **❸** 130만 원

　자, 십일조를 얼마나 드려야 할까요? 120만 원? 10만 원? 130만 원?

제가 십일조를 설명하기 시작하면서 우리의 십일조 수준이 어느 정도인지 보여 드리겠다고 했죠? 이 문제를 풀면 그 수준이 금방 들통 납니다. ❶번 ❸번이라고 생각하는 사람은 빵점입니다. 특히 ❸번이라고 생각하는 분들은 빵, 빵점입니다!

적금 부을 때 십일조 뗀 돈으로 붓지 않았나요? 하나님께 드리고 싶은 마음이 간절해서 드린다면 모를까 혹시 십일조를 잘못 드리면 집안에 우환이 생길까 봐 130만 원을 드려야 한다고 생각하는 분들이 있다면 하나님께 죄를 범한 것입니다. 그런데 제가 많은 교회에 가서 이 문제를 냈는데 99%의 성도가 ❸번에 손을 들었습니다.

정답은 ❷번입니다. 그 다음은 그 사람의 신앙에 따라 얼마든지 알아서 할 수 있죠. 목돈 생기니 너무 기쁘고 감사해서 헌금을 100만 원을 하든, 200만 원을 하든 그것은 자유입니다. 그러나 불행이 닥칠까 봐 무서워서 덜덜 떨면서 헌금하는 것은 죄입니다!

★ 남편이 교회 안 다녀요

아내는 교회를 다니는데, 남편은 교회를 안 다니는 경우는 어떻게 할까요? 실제로 남편이 안 다니는 가정이 더 많습니다. 이럴 경우 헌금은 어떻게 할까요?

예를 들어, 남편 수입은 300만 원인데 아내에게 살림하라고 250만 원을 줬습니다. 이 경우 헌금을 어떻게 해야 할까요? 다음에서 골라 보세요.

1. 받은 돈의 1/10인 25만 원을 한다.

2. 남편 전체 수입의 1/10인 30만 원을 한다.

3. 남편이 하라는 대로 한다.

4. 안 한다.

이 문제의 답은 간단하지 않습니다. 먼저 25만 원은 250만 원을 수입으로 본 건데, 그러면 아내는 남편의 고용인이거나 그 집의 가사도우미인가요? 그렇다면 개인의 정당한 수입이니까 할 말이 없습니다. 남편하고 다투기 싫어서 그런다고요? 그렇다면 부부라 말하기 어렵군요.

30만 원의 경우는 어떻습니까? 남편 몰래 그냥 했습니까, 아니면 '십일조란 소득의 10%를 드리는 거예요' 하면서 일방적으로 선언하고 했습니까? 그러면서 "이 사탄아, 모르면 조용히 해" 하지는 않았나요? 아니면 "우리 가족 복 받고 액땜하려고 그러는 거야. 모르면 잠자코 있어!" 했나요?

우리는 앞에서도 말했듯이, 십일조를 복 받기 위한 배팅으로, 그리고 잘못하면 화를 입는 무서운 것으로 여겼기 때문에 먼저 헌금, 그 다음에 부부관계를 생각했습니다. 그러나 이것은 틀린 것입니다. 먼저 부부관계, 다음이 헌금입니다. 하나님은 부부를 한 인격체로 보십니다. 한 사람으로 치신다는 겁니다. 그런데 부부간에 의견이 갈리거나 남편의 의사는 묻지도 않고 일방적으로 했다면 부부가 둘로 갈라진 경우입니다. 하나님은 이런 식으로 갈라져 있으면 부부로 치지 않습니다. 그런 관계에서 헌금하면 그 헌금 받지 않으십니다.

무슨 말인지 이해하겠습니까? 부부간에 의견이 일치되지 않은 채로 헌금을 한 것은 하나님께 열납되지 않습니다. 더구나 남편을 저주하면서 가져오거나, 남편 몰래 좀도둑처럼 가져오거나, 헌금을 복채로 써먹으려는 마음을 남편 앞에 두거나, 헌금을 액땜으로 생각해서 가져온다면 하나님께서 받지 않으십니다. 이 경우는 남편과 합의한 금액만 드리기 바랍니다. 남편은 교회 안 다니는데 어떡하냐고요? 십일조는 신자만 드리나요? 모든 사람이 다 드려야 하는 것입니다. 모든 사람이 다 청지기잖아요. 그것에 순종하는 사람과 불순종하는 사람이 있을 뿐이지요.

어떻게 불신 상태에서 '온전한 십일조'를 드릴 수 있겠어요? 남편을 가정의 머리로 세우신 명령에 순종하여 남편에게 정직하게 말하고 설명해서 남편이 하라는 대로 하기 바랍니다. "하지 마" 하면 하지 마십시오. '5만 원 하라'고 하면 5만 원만 하십시오.

평상시 남편의 사랑과 신뢰를 얻을 수 있도록 '온전한 남편 섬김'을 먼저 하십시오. 그런 다음 감동된 남편이 '제대로 하라' 할 때까지 남편을 잘 섬기는 데 모든 신앙의 목표를 두십시오. 남편이 예수님을 믿을 때까지 '온전한 섬김'에 전 인생을 거십시오. 기를 쓰고 교회 봉사, 구역 섬김, 집사, 권사 되려 하지 말고 이 일에 먼저 승부를 거십시오. 그것이 하나님의 뜻에 순종하는 자세입니다.

★ 대학에 붙었어요!

연말에 우리 교회에서도 한 학생이 좋은 대학에 합격했습니다. 그런데 그 학생이 땡전 한 푼 없는 소녀가장이었습니다. 이 소문이 교회 안에 나자 어떤 독지가가 등록금 600만 원 전액을 보내 왔습니다. 자, 이 학생은 십일조를 어떻게 해야 할까요?

얼른 대답하기 어렵죠? 헌금을 하자니 등록을 못하겠고, 안 하자니 마음이 불편하고… 그렇지 않나요? 그럼 문제를 바꿔 보죠. 그 독지가가 대학교에 가서 등록을 한 다음에 등록증을 갖다 줬다면, 이 학생은 십일조를 어떻게 할까요?

이런 경우는 헌금하지 않습니다. 목적이 정해진 헌금은 그 용도대로 사용하면 그만입니다.

자, 그러면 이번에는 여러 사람들이 십시일반해서 등록금 600만 원보다 많은 700만 원이 들어왔다면 어떻게 할까요? 70만 원 십일조 하고 30만원은 자기가 쓴다고요? 이 경우 역시 안 해도 됩니다. 다만 너무 기쁘고 감사해서 나머지 100만 원을 모두 헌금하든 일부를 하든 그것은 순전히 그 학생이 결정할 일입니다. 그가 옷도 사고, 책도 사고, 쌀도 사고, 아니면 그 돈으로 해외여행을 다녀와도 아무 상관이 없습니다.

★ 융자를 받았습니다!

새로운 사업을 하려고 은행에서 어렵사리 3,000만 원의 융자를 받았습니다. 이 경우 헌금을 얼마 해야 할까요? 이 경우도 안 해도 됩니다. 이것도 그 사람의 신앙 문제입니다. 새로운 인생을 시작하는 결연한 마음이어서 헌금하고 새 사업 시작하겠다면 그 결의대로 헌금하면 되죠. 새로 시작한 사업이 망할까 봐 헌금한다면 그건 죄입니다. 그러나 감사와 결단의 고백으로 헌금한다면 누가 뭐라고 하겠습니까?

'십일조 잘못하면 화를 면치 못한다'는 위협, 이제 제발 떨쳐 버립시다.

★ 세금 환급금을 탔어요!

연말에 세금정산 환급금 50만 원을 받았다면 어떻게 해야 할까요? 어떻게 해야 할지 당황스럽죠? 이 경우에도 십일조를 안 해도 됩니다. 회사에서 세금이 얼만지 정확하게 알 수 없으므로 미리 좀 넉넉하게 떼놓습니다. 그런 다음 정산하고서 남는 돈을 도로 주인에게 내주는 것이기 때문에 원래부터 자기 것입니다.

이제 우리 하나님을 제대로 대접하기 바랍니다. 헌금 안 해도 되기 때문에 헌금하지 않고 자유하며 즐거워하는 것, 불안에 떨면서 몰래 도둑 담배 피우듯 꿀꺽하는 것, 저주 받을까 봐 덜덜 떨며 울며 겨자 먹기로 헌금하는 것과는 천양지차입니다. 그러나 공돈 생겨서 기분 너무 좋다, 헌금 좀 해야겠다 싶어서 한다면 얼마든지 하십시오. 안 해도 아무 문제 없는데 하나님께 드리고 싶다니 얼마나 멋진 일입니까? 즐거이 자원함으로 하십시오.

★ 점심 대접을 받았습니다

친구에게 5,000원짜리 점심을 대접받았습니다. 이런 때는 어떻게 하나요? 이런 경우 대개 어떻게 합니까? 나중에 나도 그 친구에게 밥 한 그릇 대접하죠? 그러면 나중에 또 얻어먹고, 그러면 또 갚고? 성경은 어떻게 말씀하고 있습니까?

> "또 자기를 청한 자에게 이르시되 네가 점심이나 저녁이나 베풀거든 벗이나 형제나 친척이나 부한 이웃을 청하지 말라 두렵건대

그 사람들이 너를 도로 청하여 네게 갚음이 될까 하노라 잔치를 베풀거든 차라리 가난한 자들과 몸 불편한 자들과 저는 자들과 맹인들을 청하라 그리하면 그들이 갚을 것이 없으므로 네게 복이 되리니 이는 의인들의 부활시에 네가 갚음을 받겠음이라 하시더라"(눅 14:12-14).

벗이나 친척이나 부자를 청하지 말란 말이 무슨 뜻인가요? 밥 사 줄 만한 이유와 자격이 있는 사람, 나중에 덕을 볼 만한 사람에게는 점심 사지 말라는 말씀입니다. 그들이 갚지 않아야 '부활 때 갚음이 있다'고 하십니다. 천국 입성 때 하늘 상급으로 받는다는 것입니다. 이 땅에서 5,000원 짜리로 되받으렵니까, 아니면 천국 가치로 쳐서 수억을 받겠습니까? 그러면 어떻게 합니까? 점심 대접을 받았으면 다른 사람에게 베풀라는 것입니다. 그래서 한 사람의 섬김이 이어지고 이어져서 온 세상에 가득 차게 하는 것입니다. 하나님 나라의 비밀을 이해하겠습니까?

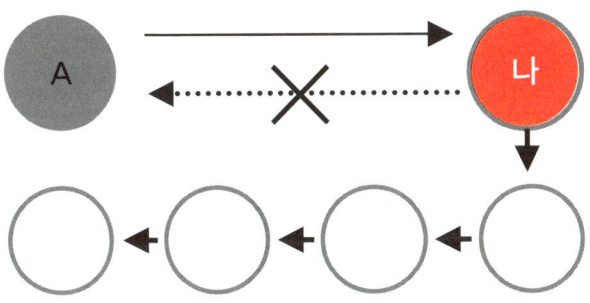

짧은 글을 하나 소개하겠습니다.

다음은 팀앤팀 인터내셔널의 이용주 대표가 어느 책에 쓴 글입니다. 이용주 대표는 케냐, 소말리아 등지에 혈혈단신으로 들어가 우물 파주는 일을 하다가 지금은 아프리카의 여러 나라들, 동남아, 북한 등지의 수자원 개발과 식수개발 사업을 위한 세계적인 활동을 하고 있습니다(팀앤팀 http://www.teamandteam.org).

> "사랑은 또 다른 사랑을 낳는다. 나도 고등학교 수업료를 내지 못해서 퇴학 위기에 처했을 때 교감 선생님이 내주신 돈으로 공부를 계속할 수 있었다. 감사 인사를 드리자 교감 선생님은 '다른 사람을 돕는 게 내게 보답하는 것'이라고 말씀하셨고 그 말이 오늘의 나를 만들었다.
>
> -바보 이용주('Stupid Father Lee'라는 애칭은 아프리카의 어린이들이 그에게 붙여 준 것이다.)

다시 본론으로 돌아가 봅시다. 자, 그러면 점심 대접을 받으면 어떻게 하겠습니까? "민 목사가 그러는데 너한테는 점심 사주지 말랬어" 하며 휑 돌아서서는 다른 사람에게 점심 대접하겠습니까? 그러면 관계가 삭막해지겠죠? 그러면 어떻게 할까요? 간단합니다. 그 사람에게도 사주고 다른 사람도 섬기면 됩니다. 그 사람에게는 단단히 말씀하세요. "나한테 얻어먹은 점심은 꼭 갚아라. 그런데 나한테 갚지 말고 다른 사람을 섬겨! 알았지?"

어디 점심뿐이겠습니까? 양말이나 와이셔츠, 넥타이 같은 선물을 받았을 때도 마찬가지로 적용하면 됩니다. 명절 때면 높으신 양반들은 과일이며 생선, 한과 등을 선물로 받습니다. 이때도 마찬가지입니다. 받은 건수보다 더 많이 흘려보내기 위해 신발이 닳도록 부지런히 뛰어다녀야 합니다. '플로잉'(Flowing), 즉 흘려보내야 하는 것입니다. 섬김을 받으면 다른 사람을 섬김으로써 이 섬김이 계속 다른 사람들에게 흘러가도록 해서 마침내 세상 끝까지 이르도록 해야 합니다.

말이 났으니 예수전도단의 DTS에서 월 1회 훈련하는 'Flowing' 이야기를 할까 합니다. 저는 지난 10년간 직장인 DTS(BEDTS/독수리예수제자훈련학교)를 섬겼습니다. 그중 7년간을 학교장으로 섬겼는데, 이 7년 동안 학사를 진행하면서 매월 플로잉 훈련을 했습니다. 2~3주 전부터 광고를 합니다.

"학교의 지체들 중에는 집이 필요한 사람이 있습니다. 차가 필요한 사람도 있습니다. 자녀의 학자금이 없어서 고통 중인 사람도 있습니다. 집에 굴러다니는 지갑이나 남성용 스킨 로션 들고 오지 말고 기도하십시오. 하나님이 무엇을 누구에게 갖다 주라는지 기도하고 성령께서 말씀하신 대로 준비하기 바랍니다."

집이 나왔을까요? 아직 집은 안 나왔습니다. 차는요? 네, 세 번 나왔습니다. 월급 봉투째 들고 온 사람들도 있었습니다. 누구나 돈은 피와 같고 생명같이 중요합니다. 나눔, 플로잉은 나의 생명을 다른 사람에게 주어 그를 살리는 일입니다. 자기는 굵은 모래가 데구루루 떨어지는 벼랑 끝에서 떨어져 죽을지라도 벼랑에서 떨어진 다른 사람을 끌어올리는 일입니다. 초대교회 때 이 플로잉을 했습니다. 사람들이 자기 재산을 팔아 필요를 따라 서로 나눴습니다.

플로잉은 먼저 몸 안에서 한다는 특징이 있습니다. 초대교회 때도 먼저 교회 안에서 나눴습니다. 그런 다음 세상으로 나가 구제 활동을 했습니다(행 6장). 성령이 충만한가는 '섬김'에서 증명됩니다. 섬김의 가장 큰 현상이 재물을 조건 없이 나눠 주는 것입니다. 그러자 교회에 권세가 나타나고 팽창하기 시작했습니다.

플로잉할 때는 집에 굴러다니는 것을 쓰레기 처리하듯이 가져오면 안 됩니다. 송년회 때 선물 하나씩 들고 와서 서로 나눠 갖는 그런 정신으로도 안 됩니다. 그 사람의 간절한 필요를 해결해 주겠다는 마음으로 해야 합니다.

★ 사과상자가 들어왔어요!

이번 문제는 아주 심각합니다. 진지하게 생각해 봅시다. 어떤 사람이 사과상자를 우리 집에 보냈습니다. '사과상자'가 뭔지 아시죠? 사과상자 속에 수백, 수천만 원이 든 것을 말합니다. 자, 1,000만 원이 든 사과상자가 집으로 배달되었습니다. 어떻게 할까요? 그런 것 받아 본 적이 없다고요? 미리 대비합시다. 세상의 크고 작은 독직 사건에 그리스도인이 대부분 연루되어 있습니다. 왜 그렇습니까? 예배만 잘 드릴 줄 알았지, 세게 기도할 줄만 알았지, 이런 실전 문제를 해결하는 방법은 가르친 적도, 배운 적도 없기 때문입니다. 자, 어떻게 할까요? 감사하다면서 그냥 먹자고요?

원칙1 절/대/로/ 받지 않는다

 이것이 제일 중요합니다. 여기서 무너지면 목숨 내놓는다고 생각하십시오. 정말 그렇습니다. 모든 뇌물 사건은 여기서 무너졌기 때문입니다. 모든 수단을 다 동원해서 받지 않아야 합니다. 그런데 안 받는 게 쉬울까요? 무지하게 어렵습니다. 왜 그런 줄 아세요? 그것을 본 순간부터 '어떻게 하면 받아도 되나' 잔머리가 저절로 굴러가기 시작하거든요. 이걸 어떻게 하면 받아도 될까 연구한단 말입니다. 심지어는 하나님의 은혜를 구하면서 궁리를 합니다. 기가 막히죠. 우리에게는 죄성이 있어서 머리가 자동으로 그렇게 돌아갑니다. 무엇이 우리를 위험에 빠뜨리는지 알겠습니까?

 '자기가 줄 만하니까 주지, 그냥 주겠어?', '내가 그동안 해준 게 얼만데 이건 당연한 거야', '일봐 주면 될 거 아냐' 등 계속해서 받아도 되는 궁리를 하는 겁니다. 설령 그것이 사실이라도 절대 받아서는 안 됩니다. 받는 순간 퇴로가 차단됩니다! 길이 없습니다! 받으면 죽는 겁니다!

원칙2 받았으면 반/드/시 돌려준다

 잔머리 굴리지 말고, 잔꾀 부리지 말고 반드시 돌려주십시오. 이게 선물이냐 뇌물이냐를 따지지 말고, '그 사람은 그럴 사람이 아니다' 하면서 합리화하지 말고, 그냥 무조건 돌려주십시오. 돌려줄 때는 반드시 증거를 확보해야 합니다. 택배를 하든지, 영수증을 받든지, 사진을 찍든지 해야 합니다. 왜냐하면 이미 나에게 전달되었으면 그쪽은 분명 전달된 증거를 확실하게 갖고 있습니다. 이미 걸려든 것입니다. 우송했으면 우체국 등기

기록, 택배로 했으면 수령자 사인, 인편에 부쳤으면 증인, 은행에서 인출한 기록이 남아 있습니다. 그러므로 돌려줄 때는 반드시 본인에게 전달해야 합니다. 그리고 그 증거를 확실하게 남겨야 합니다.

원칙3 받았는데 돌려줄 길이 없다면?

법원에 공탁을 하든가, 경찰에 신고하고 인수증을 받든가 해야 합니다. 또 그가 속한 회사나 단체의 장을 찾아가 돌려주고 인수증을 받아 오는 방법도 있습니다. 이런 경우 어떤 형태로든지 그 돈을 보관하고 있으면 절대로 안 됩니다. 나중에 뇌물을 받지 않았거나, 취득할 의사가 없었다는 것을 증명할 길이 없습니다.

04

재정론 2

투자,
어디에 해야 할까?

착한 청지기는 첫째, 때를 따라 양식을 나눠 주는 자(눅 12:42~44)입니다. 이 목적을 위해 쓴 돈은 100% 투자입니다. 둘째, 하나님 것을 하나님 것처럼 사용하는 자(눅 16:8)입니다. 이 사람의 지출도 모두 하늘나라 투자에 사용됐습니다. 존 웨슬리는 인생 말기에 자기를 위해서는 23%를 사용하고 남을 위해서는 77%를 사용했습니다. 존 웨슬리의 법칙을 배우십시오. 수입이 늘어나도 지출을 늘리지 말고 수입이 늘어난 만큼 투자하십시오!

하늘의 떡을 가지고 있는 사람은
그의 생애를 하나님의 잔칫집에서
보내게 된다.
-조셉 파커

투자란?

하나님의 공급 = 헌금 + [투자 + 생활비]

'투자'라 하면 부동산 투자나 주식 같은 것을 기대할지 모르지만, 그것이 아니라 하나님이 나에게 맡긴 것 중에서 투자하도록 명하신 부분을 말합니다. 하늘나라에 투자하는 것이죠. 우리는 이 투자를 반드시 해야 합니다. 이왕이면 많이 해야 합니다. 많이 하면 많은 것으로 갚아 주시겠다 하셨거든요. 이 공식을 다시 한 번 유심히 살펴보십시오.

하나님의 공급은 헌금과 투자와 생활비 이렇게 세 토막으로 되어 있는데 이것은 마치 하나의 떡 덩어리와 같습니다. 헌금은 거의 고정되어 있어서 어쩔 도리가 없습니다. 나머지 두 덩어리인 투자와 생활비는 우리가 조절해서 쓸 수 있기 때문에 여기서 길을 찾아봐야 합니다. 이렇게 놓고 보면 투자는 헌금과 성격이 같기 때문에 헌금 같기도 하고, 스스로 결정하면서 자율적으로 한다는 점에서는 생활비와 성격이 비슷합니다. 즉 한 덩어리를 투자와 생활비로 잘 나눠 써야 하는 것입니다.

투자금을 어떻게 마련할 것인가?

그런데 하늘나라에 투자하면 하나님께서 몇백 배, 몇천 배, 혹은 몇억 배로 갚아 주시니까 참 매력이 있습니다. 이것을 많이 할수록 좋지 않겠습니까? 그리스도인들의 궁극적인 경제생활 목표는 다름 아닌 투자를 최대화하는 것입니다. 그렇다고 투자만 마냥 할 수는 없습니다. 투자를 늘리다 보면 생활비가 줄어들어 사는 게 힘듭니다. 그러나 사람이 초등 욕구를 따라 살다 보면 생활비가 많이 지출되기 십상입니다. 자기 관리가 허술해지면 생활비 지출이 자기도 모르는 사이에 늘어나 마이너스까지 가게 됩니다. 이렇듯 투자는 항상 탐욕의 심각한 공격을 받습니다.

이를 '섬(sum) 관계'라 합니다. 한쪽이 늘어나면 다른 쪽이 줄어드는 관계죠. 결국 생활비를 어떻게 잘 절제하느냐에 따라 투자액이 결정됩니다.

그리스도인의 경제생활의 목표는 투자를 최대화하는 것입니다. 투자를 최대화하기 위해서는 어떻게 해야 할까요? 살림을 잘해야 합니다. 생활비 살림을 잘해야 합니다. 그래서 그리스도인은 검소하게 살아야 합니다. 이것을 경건이라 부릅니다. 왜 검소해야 합니까? 투자를 늘리기 위해서입니다. 쓰고 싶은 것 다 쓰고서는 투자할 수 없습니다. 청교도들이 그랬고, 우리의 선각자들이 그런 삶을 살았습니다. 가난하게 살자는 얘기가 아닙니다. 경건하게 살자는 것입니다. 경건한 목표를 위하여 살자는 것입니다. 우리가 가난하게 사는 것 같지만 하늘의 약속된 보화를 바라보며 삽니다.

자, 여기서 한번 생각해 봅시다. 혹시 매월 돈이 남아돌아서 고민입니까? 혹시 주변에 이런 분 있습니까? 한 사람도 없을 것입니다. 무슨 말입니까? 돈이 남아돌아서 투자를 충분히 하는 사람은 없다는 말입니다. 누구나 애를 써야 투자할 수 있습니다. 그러므로 누구에게나 검소는 힘들여 노력해야 하는 숭고한 가치입니다.

하나님은 누구에게나 충분한 돈을 주셨다고 말씀하셨습니다(히 13:5). 그런데 누구나 돈이 모자라서 쩔쩔맵니다. 누가 투자할 수 있습니까? 결단한 사람만이 할 수 있습니다. 하나님의 약속을 믿는 사람만이 투자할 수 있습니다. 투자는 세상을 섬기는 일입니다.

존 웨슬리의 법칙을 배워라

예를 들어 봅시다. 하나님은 각자에게 충분한 돈을 주신 뒤 그 돈을 어떻게 하기를 원하실까요? 감리교를 창시한 존 웨슬리는 다음과 같이 자기 수입을 사용하였습니다.

수입	지출	투자
30파운드	24파운드	6파운드
60파운드	24파운드	36파운드
120파운드	24파운드	96파운드

우리 역시 이 모델을 적용해서 재정을 꾸려야 합니다. 어떻게 투자금을 마련하는가는 근본적인 문제입니다. 우리의 수입이라고 해서 내가 전액을 다 써 버려도 좋은 것이 아닙니다. 투자하기 위해서 최대한 남겨야 합니다. 존 웨슬리는 이 점을 우리에게 명확하게 교훈하고 있습니다. '내 수입이라고 내가 다 써서는 안 된다'는 점을 분명히 해놓지 않으면 마음은 원이로되 돈이 말을 듣지 않아서 평생 투자하지 못하게 됩니다. 한 번 늘려 놓은 지출 규모는 죽을 때까지 줄이지 못합니다. 그러니까 수입의 문제가 아니라 지출의 문제입니다. 지출 규모를 늘리지 않는 데 사력을 다해야 합니다. 쓰는 대로 쓰면 누구나 적자입니다. 예외가 없습니다. 수입

이 아무리 많아도 그렇게 되고 맙니다.

한 사람의 예를 들어 보겠습니다.

A의 남편은 억대 연봉자였습니다. 월 평균 1,000만 원 이상 번다는 말입니다. 그런데 그녀는 남편이 퇴직할 즈음에도 한 달 생활비로 120~130만 원을 사용했다고 합니다. 서울 강남에서 살았고 세 자녀를 키웠습니다. 이웃과 이런저런 얘기를 나누다 보면 살림살이 얘기를 하게 됩니다. 그러면 남편의 수입이 적어서 살기 어렵다면서 한 달에 못해도 1,000만 원은 지출해야 한다고 하나같이 푸념했습니다. 그들이 A에게 "댁은 한 달에 얼마나 써요?" 하고 물으면 "우리도 쓸 만큼 써요" 하며 얼버무렸습니다. 차마 한 달에 1,000만 원 쓰는 사람들에게 130만 원 쓴다고 말할 수 없었던 거지요. A는 한 달 130만 원으로 3남매를 대학에 보냈지만 빚을 져 본 적은 없습니다. 남은 돈은 어쨌냐고요? 다 투자했겠지요.

수입의 몇 %를 소비합니까? 강남 아줌마들처럼 100% 이상 쓰면서 항상 수입이 적다고 불평하나요, 아니면 웨슬리처럼 자기 수입의 20% 이내로 사용하고 있나요? 악한 청지기처럼 하면 평생 가도 투자 못합니다. 착한 청지기처럼 해야 투자금을 마련할 수 있습니다.

악한 청지기는,

첫째, 자기만을 위해 쓰는 자(눅 12:15-21)입니다. 그는 한 푼도 투자하지 않았습니다. 이런 사람은 그날 밤에 당장 죽이겠다고 하셨습니다.

둘째, 하나님 것을 자기 것처럼 함부로 쓰는 자(눅 16:1)입니다. 그는 자기 욕심을 채우는 데 허겁지겁 다 씁니다. 당연히 투자는 생각도 못하지요.

반면 착한 청지기는,

첫째, 때를 따라 양식을 나눠 주는 자(눅 12:42-44)입니다. 이 목적을 위해 쓴 돈은 100% 투자입니다.

둘째, 하나님 것을 하나님 것처럼 사용하는 자(눅 16:8)입니다. 이 사람의 지출도 모두 하늘나라 투자에 사용됐습니다.

존 웨슬리의 법칙을 배우십시오. 수입이 늘어나도 지출을 늘리지 않고 수입이 늘어난 만큼 투자하십시오! 그는 인생 말기에 자기를 위해서는 23%를 사용하고 남을 위해서는 77%를 사용했습니다. 위의 A라는 사람도 24%는 자기를 위해 쓰고 나머지 76%는 플로잉한 셈입니다.

동안교회를 담임하던 K목사는 교회 건축을 시작하려다가 미루고 그 돈으로 남의 교회를 먼저 지어 주었다고 합니다. 흉내 내기 쉽지 않은 사표입니다. 어떤 교회는 개척교회 공사 비용을 보통 수준의 1/5정도로 하고 아낀 금액은 다른 교회를 개척하는 데 후원금으로 사용했다고 합니다. 그 교회의 의자는 네 종류입니다. 다 얻은 것이기 때문이죠. 투자를 늘리기 위한 몸부림을 배웁시다.

**투자의
3대 원칙**

★ 몸을 밝게 하는 데에

투자에는 세 가지 원칙이 있습니다. 첫 번째는 눈이 밝아야 됩니다.

> "네 몸의 등불은 눈이라 <u>네 눈이 성하면 온몸이 밝을 것이요</u> 만일 나쁘면 네 몸도 어두우리라"(눅 11:34).

'눈이 성하면 몸이 밝다'고 말씀하십니다. 보통은 '눈이 밝으면 몸이 성하다'고 해야겠지만 성경은 그렇게 말씀하지 않고 '눈이 성하면 몸이 밝아진다'고 합니다. 여기서 중요한 주제는 '몸'입니다. 그런데 그 몸을 온전하게 하는 전제 조건이 '성한 눈'입니다.

성경은 교회를 몸이라고 했습니다. 우리 몸이 몸의 원리로 움직이듯이 교회도 몸의 원리대로 작동되어야 합니다. 그것이 진정한 교회의 특징입니다. 그런데 그 몸이 제대로 유지되고 작동되려면 '눈'의 역할이 절대적이라는 것입니다. 그것이 교회의 특징입니다.

눈의 역할이 무엇일까요? 몸 안의 형편을 구석구석 살피는 것입니다. 힘든 자, 고통 중인 자, 도움이 필요한 자를 쉴 새 없이 찾아내는 것입니다. 그래야 온몸이 비로소 건강한 상태가 되기 때문입니다. 그런 곳을 발견하기만 하면 즉시 투자를 합니다.

'눈이 성한 것'은 '순전하다'는 뜻의 헬라어 '하플루스'($ἁπλοῦς$)에서 비롯된 말입니다 '순전하다'는 것은 눈이 열심히 찾아내어 묻지도 따지지도 않고 도움이 필요한 자를 위해 베푸는 것을 말합니다. 즉 눈이 투자할 곳을 찾아 주는 것입니다. 이제부터 당신이 속한 몸의 구석구석을 쉴 새 없이 살피십시오. 그리고 무언가 발견하면 즉시 해결하십시오. 이런 투자를 열심히 늘려 가기 바랍니다.

그렇다면 '가정'이라는 몸은 온전합니까? 교회 몸은 어떻습니까? 직장 몸은 온전합니까? 여러분이 사는 도시는 어떻습니까? 또 나라는 어떻습니까? 여러분이 속한 이 세대는 온전합니까? 언제나 이 질문 앞에 서야 합니다. 투자의 제1원칙은 몸을 온전하게 하는 데 돈을 쓰는 것입니다. 그래야 수익률이 아주 높습니다.

★ 가장 수익이 높은 하늘나라 은행에

두 번째 투자 원칙은 하늘나라 은행에 투자하는 것입니다. 세상에는 돈을 둘 곳이 없습니다. 하늘나라 창고라야 안전합니다. 한 푼도 축나지 않고 오히려 엄청난 이자가 붙습니다(마 6:19-20; 눅 12:33-34).

세상에서는 종이나 베로 아무리 잘 싸두어도 좀이 들어 버립니다. 나무로 박스를 만들어 잘 넣어 두어도 좀이 들어 버립니다. 철로 금고를 만들어 거기에 두어도 녹이 슬어서 못쓰게 됩니다. 그래서 아주 비밀한 곳에 꼭꼭 숨겨 뒀더니 도적이 와서 가져가 버렸습니다. 세상은 이런 곳입니다. 반드시 잃어버리게 되어 있습니다. 물가가 오르면 누구도 꼼짝없이 빼앗깁니다. 금리가 올라도 당하고 세율이 올라도 환율이 올라도 예외가 없습니다. 세상은 이런 곳입니다.

세상 어디에 투자해도 이와 같이 훔쳐 가고 빼앗기고 도둑 맞습니다. 그런데 하늘 창고에 넣어 두면 한 푼도 손해를 안 봅니다. 그 하늘나라 창고는 어디에 있을까요? 지천에 깔려 있는데 어떤 사람은 잘 보고 어떤 사람은 아무리 보려 해도 보지 못합니다. 우리가 누구입니까? 하나님의 것을 관리하는 청지기가 아닙니까? 하나님의 청지기로서 최고의 수익을 올리는 곳을 기어이 찾아내 거기에다 일부러 투자해야 합니다. 하나님께서는 그런 사람을 위한 특별한 투자처를 충분히 마련해 놓고 계십니다.

세상 은행 금리는 많아 봐야 4~5%에 불과한데 우리 아버지 은행은 가장 낮은 금리가 3,000%고 보통 1만 %입니다. 그중에서도 가장 높은 금리는 '주인의 즐거움' %입니다. 그 은행의 은행장은 하나님이십니다.

★ 건수주의로

세 번째 원칙은 흩어 뿌려야 합니다.

> "기록된 바 그가 흩어 가난한 자들에게 주었으니 그의 의가 영원토록 있느니라 함과 같으니라"(고후 9:9).

그러니까 그의 의, 즉 하나님의 이름이 영원토록 남기 위해서는 첫째, 가난한 자에게, 둘째, 흩어 뿌려야 합니다. 흩어 뿌린다는 것이 무슨 뜻입니까? 건수주의로 투자하라는 뜻입니다. 그런데 우리는 어떻게 하죠? 금액주의로 합니다. 물량주의로 합니다. 금액을 얼마나 했느냐는 식의 양을 따지죠. 왜 금액과 양을 따질까요? 그렇게 해야 자기 이름이 나거든요.

예를 들어 봅시다. 한 달에 10만 원으로 가난한 사람들을 돕는다고 합시다. 10만 원을 한 군데만 보내는 것이 더 폼 날까요, 1만 원씩 열 군데 보내는 게 더 폼 날까요? 당연히 10만 원을 한 군데 보내는 게 더 폼 납니다. 폼 나면 누가 영광을 받습니까? 자기가 받지요. 그런데 하나님은 잘게 나눠서 여러 건 하라고 하십니다. 폼 나지도 않고 아무도 기억하지 않습니다. 무슨 상관입니까? 하나님만 기억하시면 되죠!

하나님은 한 사람이라도 더 도우라고 하십니다. 금액으로는, 인간의 힘으로는 어떤 사안이라도 해결 불가능합니다. '가난은 국가도 구제하지 못한다'는 말도 있지 않습니까?

강남의 어느 대형 교회 얘기입니다. 이 교회는 1년에 몇억씩 집행하는데 교회 주변의 극빈자들을 다 파악해 한 가정에 6만 원꼴로 나눴습니다. 그래서 매월 6만 원씩 봉투에 담아서 사회봉사위원회 소속 집사들이 그 집을 찾아가 돈을 전달했습니다. 폼이 났을까요? 강남의 부잣집 마님이 달랑 6만 원짜리 봉투를 들고 가자니 폼이 날 리 없습니다. 첫 달 다녀오더니 다들 입이 댓 발 나왔습니다. 요즘 세상에 6만 원이 돈이냐며 교회 이름이 창피하다는 것입니다. 실은 자기 얼굴이 창피하다고 말하고 싶었겠지요. 대책은 무엇입니까? 자기 이름을 포기하는 것이 첫째이고, 창피하면 구제헌금을 더하면 됩니다.

같은 교회 이야기를 하나 더 하겠습니다. 어느 해 성탄 예배를 드리며 그날 들어오는 헌금을 모두 구제하는 데 쓰기로 했습니다. 2,000만 원 정도 예상하고 교회 주변의 5개 동을 통해 극빈자 리스트를 받았습니다. 그리고 2,000만 원을 그 숫자로 나눴더니 한 사람당 15,000원씩 돌아갔습니다. 그래서 봉투를 만들고 겉봉에는 주소, 이름, 전화번호를 쓰고 봉투 안에는 농협 상품권 15,000원을 집어 넣었습니다. 성탄 예배를 마치고 나오는 사람들에게 봉투 하나씩을 건네면서 "이 집에 전달해 주고 귀가하십시오" 했습니다.

그런데 난리가 났습니다. 창피해서 그걸 어떻게 전하냐는 것입니다. 단돈 15,000원을 들고 회장인 내가, 사장인 내가, 부장인 내가, 장로인 내가 어떻게 들고 가냐는 것입니다. 그래서 담당자가 야단치듯 한마디했습니다. "정 그렇게 창피하면 가다가 케이크 하나 사 들고 가든가, 쌀 한 가마 싣고 가든가 하면 될 것 아니오!" 그랬더니 아무 소리도 못했습니다. 그 교회는 매년 이 행사를 하고 있습니다.

하지만 1년에 한 번만 하지 말고 최소한 매달 하십시오. 할 수 있다면 매주, 매일 하십시오. 그리고 후원할 때는 은행의 자동계좌이체를 이용하십시오. 두세 달 잊고 밀리면 한꺼번에 하기 힘들어집니다. 그러면 슬그머니 후원을 포기하게 됩니다. 직접 송금하며 가슴으로 느끼기 바랍니다.

후원을 할 때는 장기일수록 좋습니다. 큰 금액을 일회성으로 하는 것보다는 적은 금액으로 장기간 하는 것이 더 좋습니다. 3~10년으로 길게, 그리고 무리하지 않은 선에서 후원하면 좋습니다. 또는 '정년 퇴직 시까지'처럼 성의를 최대화할 수 있는 기간을 찾아보십시오. 작은 성의가 큰 의미를 낳게 됩니다.

- 월 단위 후원일 때

김○○ (월 1만 원)　　('가' 은행 123-456-7890 김○○, 송금일 22일)

'11.1	2	3	4	5	6	7	8	9	10	11	12
'12.1	2	3	4	5	6	7	8	9	10	11	12
'13.1	2	3	4	5	6	7	8	9	10	11	12

- 송금을 했으면 색칠을 한다. 가급적 여러 해 쓸 수 있도록 표를 만든다.

- 주 단위 후원일 때

○○선교회(주 1만 원)　　('나'은행 456-7890-123, 송금일:금요일)

1/3	1/10	1/17	1/24	1/31	2/7	2/14
2/21	2/28	3/7	3/14	3/21	3/28	4/4
4/11	4/18	4/25	5/2	5/9	5/16	5/23
5/30	6/7	6/13	6/20	6/27	7/4	7/11
7/18	7/25	8/1	8/8	8/15	8/22	
8/29	9/5	9/12	9/19	9/26	10/3	
10/10	10/17	10/24	10/31	11/7	11/14	
11/21	11/28	12/5	12/12	12/19	12/26	

- 송금하고서 날짜에 색칠을 한다.
- 이러한 생의 흔적들은 모아 두었다가 자식들의 교육용으로 사용한다.

하나님은 어떤 식으로 일하시는지 예를 들어 봅시다. A라는 사람이 있습니다. 예를 들어 이 사람은 100이 없으면 죽는다고 합시다. 그러면 하나님은 이 사람을 바라보며 "누가 좀 안 돕나, 안 돕나…" 발을 동동 구르십니다. 하나님은 사람을 통해서 일하시기 때문입니다.

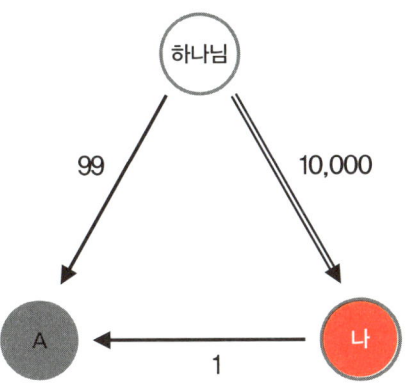

　그런데 어떤 연고로 내가 1을 그 사람에게 플로잉했습니다. 문제를 해결하는 데는 턱도 없는 숫자지요. 그런데 그것이 흘러가는 순간 하나님이 움직이기 시작하십니다. 다양한 통로를 동원하여 99를 해결하십니다. 그런 다음 나에게는 1,000이나 10,000을 주십니다. 이 사건에서 하나님의 주된 관심은 누구에게 있습니까? A가 아니고 '나'입니다.

어디에 투자할 것인가?

우리는 앞에서 청지기에 대해 공부하면서 다음과 같은 숙제를 남겨 놓았습니다.

첫째, 때를 따라 양식을 나누어 줄 자가 누구인지
둘째, 기름진 밭은 어디에 있는지
셋째, 최소한 3,000%를 주시는 하나님의 은행은 어딘지

드디어 이 답들을 제시해야 하는 순간이 되었습니다. 이른바 우리의 투자처는 어디인가 하는 것입니다. 이것을 알기만 하면 이제부터라도 제대로 투자할 수 있습니다. 때를 따라 양식을 나누어 주면 하나님이 모든 재산을 이 사람에게 맡기겠다 하셨고, 기름진 밭에 뿌리면 100배, 60배, 30배 결실을 약속하셨으며 하늘 창고에 예치하면 '다함이 없는(마르지 않는) 보물'(눅 12:33)을 주신다고 했습니다. 어떻습니까? 기대가 되나요?

★ **투자처 1 : 가난한 자**(출 22:21-24, 눅 14:12-14)

첫 번째 우리의 투자처는 가난한 자입니다. 가난한 자가 기름진 밭입니다. 우리에게 맡겨진 자들입니다. 우리가 책임져야 할 자들입니다. 여기가 하늘 창고입니다. 여기가 안전한 투자처입니다. 가난을 해결하는 것은 간

단한 문제가 아닙니다. 왜 그럴까요? 부자들이 좀체 내놓지 않기 때문입니다. 왜 그들은 움켜쥐고 내놓지 않을까요? 내놓으면 내놓은 만큼 가난해진다고 생각하기 때문입니다. 믿음이 없는 것입니다. 하나님은 내놓은 자에게 수백 배, 수천 배로 갚으시는데 이것을 도통 믿지 못하는 것입니다. 믿음이 없으면 내놓지 못합니다.

많은 부자들이 선심을 쓰는 척만 하지 사실은 자기 돈은 한 푼도 내놓지 않는 방법을 씁니다. 이른바 'Trickle Down Wealth'로서, 부자들의 지출을 늘려 가난한 사람들에게 도움을 주자는 방식입니다. 그러나 이것은 자기들이 사고 싶던 고가품을 불경기 때 싼 값으로 사기 위해 이렇게 멋지게 표현한 것에 불과합니다. 우리가 이런 고가품을 사 줘야 가난한 사람들에게도 유익이 돌아간다고 너스레를 떠는 것입니다. 그런 간접적인 방법이 전혀 도움이 안 되는 것은 아니지만, 가장 좋은 방법은 부자들이 자기의 재산을 풀어서 가난한 자들에게 직접 나눠 주는 것입니다.

오병이어의 사건을 통해 'Trickle Down Wealth' 방식을 음미해 봅시다. 해가 지고 끼니를 해결할 대책은 없습니다. 사람 수는 무려 2만 명! 한 사람당 1,000원어치씩만 먹이려 해도 2,000만 원이 필요한데 그런 돈도 없거니와 그럴 음식을 살 만한 곳도 없습니다. 시골이요, 광야였기 때문입니다.

그런데 어떤 어린아이가 자기가 먹으려고 준비해 온 도시락 하나를 통째로 내놓았습니다. 엄지손가락 손톱만 한 떡 5개와 큰 멸치보다 약간 큰 생선 두 마리였습니다. 그것을 예수님께 드리자 2만 명이 먹고도 12광주리가 남았습니다. 잔액 기준으로 말하자면, 떡 5개가 12광주리가 되었지요. 그것만이 아닙니다. 2만 명이 열 개씩 먹었다면 20만 개가 넘습니다.

이 같은 기적의 발단은 한 소년이 자기를 돌보지 않고 전 재산을 조건 없이 내놓았기 때문입니다. 그래야 이런 기적이 일어납니다. 'Trickle Down Wealth' 방식으로 했다면 전원이 굶었을 것입니다. 하나님의 셈법을 이제 눈치챘습니까?

이들을 건진 사람은 누구입니까? 부자가 아니었습니다. 도시락 하나를 가진 어린아이였습니다. 거기서는 가장 부자였습니다. 여러분이라면 이 도시락을 내놓았겠습니까? "도시락 하나 가지고 뭘 어쩌자고? 차라리 화장실 가서 혼자 배불리 먹는 것이 낫지." 이것이 바로 부자들의 셈법입니다. 어린아이는 왜 내놓았을까요? 계산할 줄 몰라서 그랬죠. 따지는 병에 걸리지 않았기 때문입니다. 남을 돕는 마음의 태도란 이런 것이어야 합니다. 부자의 상징인 그 아이는 조건 없이 내놓았고, 예수님은 그것으로 조건 없이 나누어 주셨습니다. 모든 가난한 사람들이 살아났습니다. 문제가 해결되었습니다. 우리에게 많은 고민을 남겨 주는 이야기입니다.

★ 투자처 2 : 모든 교회와 선교지(빌 4:15-20)

두 번째는 교회와 목회자, 선교단체와 선교사, 그리고 사역자입니다. 교회와 선교단체를 우리가 책임져야 됩니다. 하나님의 마음이 많이 가 있는 곳입니다. 교회는 좋은 일을 하는 곳이기 때문에 많은 돈이 필요합니다. 좋은 일, 중요한 일을 하는 교회에 점점 그 일을 더 잘할 수 있도록 더 많은 돈을 보내야 합니다. 목사는 좋은 일을 많이 할 수밖에 없는 위치에 있기 때문에 항상 돈이 모자랍니다. 더 많이 할 수 있도록 올바른 목사에게 더 많은 돈이 모아져야 합니다.

선교사도 마찬가지입니다. 목사나 선교사는 레위인처럼 직업이 없습니다. 그러므로 누군가 돕지 않으면 자기 역할을 제대로 할 수 없습니다. 올바른 선교사에게 점점 더 많은 돈이 흘러가야 합니다. 사역자는 어떤 사람입니까? 목회자도 아닌 것이, 선교사도 아닌 것이 하나님의 일만 하는 사람을 말합니다. 목사나 선교사는 타이틀과 교회, 선교지라도 있는데 사역자는 그런 것도 없습니다. 이런 사역자를 우리가 책임져야 합니다.

세상의 모든 교회가 '하나님의 교회'이며, 동시에 '나의 교회'입니다. 모든 교회와 선교지에 시선을 보내십시오.

★ 투자처 3 : 어려움을 당하는 교회(롬 15:26)

주님의 주된 관심은 교회입니다. 그중에서도 강력한 공격을 받아 넘어진 교회들입니다. 어려움과 곤란 가운데 빠진 교회들입니다. 하나님이 이런 교회를 도울 자를 발을 동동 구르며 기다리고 계십니다. 이곳이야말로 기름진 밭입니다.

지금 우리나라는 매년 3,000개의 교회가 문을 닫고 있습니다. 오늘 닫아야 할지 내일 닫아야 할지 모르는 교회도 부지기수입니다. 이것을 교회가 책임져야 합니다. 성도들이 힘을 합쳐서 교회를 살려 내야 합니다.

또 돈이 없어 교회를 개척하지 못하는 목사가 수도 없이 많습니다. 매년 1만 명 이상의 목사가 배출되지만 그중에서 약 1,000명만 교회를 세웁니다. 나머지는 개척할 엄두를 내지 못하고 있습니다. 목회하다 접고 백수가 된 목사가 6만 명에 이릅니다. 이들을 다시 강단에 세워야 합니다.

우리와 한 몸입니다. 우리가 맡아야 할 사람들입니다. 하늘 창고입니다.

교회만 책임지는 것이 아닙니다. 신앙공동체에 대해서도 책임을 져야 합니다. 보육원이나 양로원 같은 곳입니다. 보육원이나 양로원 간판을 내 건 곳은 10분의 1밖에 안 됩니다. 나머지 10분의 9는 간판도 없습니다. 이제 도우려고 눈을 밝혀 보십시오. 지천에 깔려 있습니다.

제가 아는 어떤 사람은 자기도 반신불수인데 지하방에서 전신불수 된 두 사람을 먹여 살리고 있습니다. 이런 사람들이 지천에 깔려 있습니다. 하나님께서 문전옥답(門前沃畓)을 지천에 깔아 놓고 기다리고 계십니다. 문전옥답이 아무리 많아도 우리에게 도울 마음이 없으면 눈에 전혀 안 보입니다. 우리가 도울 마음이 없을 때는 상대적 빈곤 속에서 불행이라는 불을 품고 살지만, 이제 제대로 눈을 뜨고 세상을 바라보면 코앞에 기름진 땅이 보입니다. 거기에 투자하면 큰 수익을 얻습니다.

★ 투자처 4 : 구제 대상자(신 15:7-11, 마 25:31-46)

구제 대상자들입니다. 어려움에 빠진 사람들, 도움이 필요한 사람들, 곤란 중에 있는 사람들을 말합니다. 헌금은 두 가지가 있습니다. 하나는 교회 예배당에 와서 직접 드리는 헌금이 있고, 또 하나는 성도들이 직접 나가서 이와 같은 곳에 직접 투자하는 것이 있습니다. 투자는 성도들이 직접 세상에 나가 섬기는 것입니다. 개인도 교회입니다. 초대교회의 구제 활동은 주로 몸으로 수고하는 일을 했습니다. 사랑하고 섬기는 일을 한 거죠. 재산을 팔아 그 사람들의 필요를 채워 주었습니다.

예수를 믿고 성령을 모신 사람의 생활은 이웃을 사랑하고 섬기는 것이

어야 합니다. 교회의 구제부서 활동에 참여하는 것을 구제 활동이라고 착각하지 마십시오. 그것은 어디까지나 교회가 하는 구제이지 여러분 개인의 구제가 아닙니다. 각 개인이 자기 주변에 사는 이웃과 직접 관계하는 것이 교회를 세우신 본뜻에 훨씬 잘 부합합니다.

자, 구제 대상에는 어떤 사람들이 있습니까? 정서장애자, 지체장애자, 교통사고로 식물인간이 된 사람, 팔 잘린 사람, 다리 잘린 사람, 부도 나서 길바닥에 앉은 사람, 정치적으로 탄압받고 있는 사람, 감옥에 갇힌 사람, 독거 노인, 노숙자, 소년 소녀 가장, 장애인 가장, 수술비가 없어서 야반도주한 사람…. 이 세상에는 도움을 필요로 하는 사람이 얼마나 많은지 모릅니다.

하나님은 왜 이렇게 문제투성이 인간을 양산하고 계실까요? 하나님의 능력이 모자라서일까요? 그럴 리 만무하죠. 그럼 왜 그렇습니까? 우리에게 복 받을 기회를 주려고 그러십니다. 건강한 우리가 우리의 소유로 이들을 힘에 넘치도록 돕는 것이 바로 하나님이 주신 기회입니다. 그들은 기름진 밭입니다. 하늘 창고입니다. 우리가 책임져야 할, 때를 따라 양식을 나누어 줄 자들입니다!

"예쁘고 건강하신 박은희 자매님! 자매님은 왜 그렇게 미인으로, 그것도 건강하게 태어났습니까? 하나님의 은혜 때문이라고요?" 만일 이렇게 대답했다면 장애를 가지고 태어난 사람들은 하나님의 저주를 받은 것입니까? 그렇지 않습니다. 하나님은 우리 각 사람을 합목적적(合目的的)으로 만드셨습니다. 이 세상의 어떤 사람도 불량품으로 만들지 않았습니다.

하나님은 일부러 장애인을 만드십니다(출 4:11). 자, 보세요. 하나님이 인간을 만드시는 마지막 단계에서 모든 사람에게 묻는 질문이 하나 있습니다. "은희야, 너 전신이 흔들거리는 지체장애인 좀 할래?" 그랬을 때 뭐라고 대답했겠습니까? 하나님은 매우 인격적인 분이시기 때문에 사전에 의향을 물어 보십니다. 그렇게 행패(?)를 부리니까 인격적인 하나님이 도리어 미안해서 "그럼, 정상인이나 해라" 하셨답니다. 그런데 어떤 사람은 그 질문에 "네에~!" 했다는 거죠. "제가 저들에게 복을 주는 통로가 되겠습니다" 했습니다. 누가 더 훌륭하죠? 그런데 불쌍해서 돕는다고요?

우리는 그들이 불쌍해서 돕는 것이 아닙니다. 부끄러워서, 존경할 수밖에 없어서, 미안해서 돕는 것입니다. 다른 사람들도 마찬가지입니다. 무능하고 머리 나빠서 노숙자가 된 것이 아닙니다. 누가 누구를 도와야 합니까? 노숙자들을 등쳐먹으면서까지 더 부자가 되어야겠습니까? 우리의 소유를 헐어서 그들을 도와야 합니다.

05

재정론 3

가정경제, 어떻게 잘 관리해야 하나?

하나님께서는 가정에서 돈이 시작되도록 하셨습니다. 가정이 천국의 근원이기 때문입니다. 거기서 세상으로 흘려보내도록 세상 구조를 만드셨습니다. 그런데 우리는 그 돈이 가정에 있지 않고 시장과 정부, 세상에 있다고 믿고 삽니다. 맘몬이 그렇게 속였기 때문입니다. 이제 그리스도인의 가정에서 하나님의 경제 이론을 정립해야 합니다. 그리고 모든 가정을 이 경제학으로 지켜야 합니다.

이 세상에는 여러 가지 기쁨이 있지만
그 가운데에서 가장 빛나는 기쁨은
가정의 웃음이다.
-페스탈로치

저는 지금까지 강의를 연역적으로 해왔습니다. 연역적으로 하면 시원시원하지요. 답부터 먼저 가르쳐 주니까요. 그런데 답을 이미 알고 있기 때문에 흥미를 유지하기가 어렵다는 약점이 있습니다. 반대로 귀납적으로 하면 답은 안 가르쳐 주고 갈증만 나게 하기 때문에 끝까지 흥미진진하게 끌고 갈 수 있습니다. 하지만 저는 직장생활을 오래해서 그런지 귀납적 방법을 싫어합니다. 답답하거든요. 빨리 답부터 제시해야지 미적거리면 여지없이 상사의 불호령이 떨어지거나 서류가 날아가죠. "하자는 거야? 말자는 거야?", "비용이 얼마 들어? 이익이 얼마 나냐니까!" 그런 식이거든요.

'돈 문제는 맘몬 때문이다.' 제일 근본적인 답을 가장 먼저 가르쳐 드렸습니다. '우리는 그런 맘몬과 대항하는 청지기다'는 답도 가르쳐 드렸습니다. '그러면 청지기는 어떻게 해야 하는가'에 대한 답으로 헌금, 투자에 대해 공부했습니다. 이제 마지막 답이 남아 있습니다. 이 모든 것을 성립시키는 '핵'이라고 할 수 있습니다. 바로 가정경제입니다. '양식'을 어떻게 잘 관리할 것인가입니다. 이것이 왜 중요하냐면, 가정경제가 무너지면 뜨개질 올 풀리듯이 모두 무너져 버리기 때문입니다. 자, 긴장하십시오. 주목하세요!

부부끼리 비자금을 공개하라

가정경제에서 기본 중의 기본은 부부가 금전적으로 하나 되는 것입니다. 이것이 안 되면 지금까지 이야기한 것이 모두 수포로 돌아갑니다. 돈의 일치가 그렇게 중요합니다. 남자가 부모를 떠나 아내와 한 몸을 이루라 하셨잖습니까? 그런데 한 몸을 이루는 기준이 바로 금전적으로 하나 되는 것입니다. 한 몸의 상태라야 하나님의 작용이 이 부부 안에서 일어날 수 있기 때문입니다. '재정 통일'은 그래서 필수입니다.

온전한 부부의 제일 조건은, 부부 안에서 전대를 하나로 합치는 것입니다. 이것이 안 되면 부부가 아닙니다. 하나님께서 역사하지 않으십니다. 기도 응답도 하지 않으십니다. 대신 사탄이 장난치며 가지고 놉니다. 주머니를 따로 차는 것은 그만큼 무서운 일입니다.

그러므로 남편 여러분, 오늘 저녁 비자금 가지고 있던 것 아내에게 이실직고하기 바랍니다. 광명의 길로 방향을 바꾸기 바랍니다.

"여보, 그동안 이런저런 방법으로 따로 모아 놓고 쓰던 통장 여기 있소. 앞으로 어떻게 할까요?"

아내에게 비자금을 빼앗기라는 말이 아닙니다. 사실을 정직하게 고백하고 둘이 합의하여 어떻게 사용할 것인지 의논하라는 말입니다. 비자금뿐이 아닙니다. 몰래 쓰고 있는 비부채(숨겨둔 부채)도 마찬가지입니다. 사실대로 다 이실직고하세요! 알량한 자존심 세우지 마십시오.

아내는 남편을 이해하십시오. 남자의 세계를 이해해야 합니다. 대부분의 남편들은 비자금이 있습니다. 쌓아 둔 돈은 없을지 몰라도 아내 몰래 꾸리는 돈이 있습니다. 왜 그러겠습니까? 그럴 수밖에 없어서입니다.

남자의 세계에서 돈 문제는 좀 복잡합니다. 남자들은 자존심으로 헤게모니 싸움을 합니다. 그런 세계에서 돈이 없어서 좀스럽게 굴면 하루아침에 훅 가 버리거든요. 그러지 않으려다 보니 '비자금'을 챙기게 된 것입니다. 그러니 대책은 무엇입니까? 아내가 남편을 이해해 주는 것입니다. 그렇지 않고 닦달해 대면 공금을 횡령하거나 도둑질을 합니다. 그러니 무조건 닦달한다고 될 일이 아닙니다. 밀어 줄 땐 꽉꽉 밀어 주고 또 쥘 때는 숨통을 끊듯이 쥘 수 있어야 합니다. 남편의 해결사가 되어야 하는 것입니다.

그리고 아내 여러분! 남편 몰래 모아 둔 비자금이 있다면 오늘 저녁 이실직고하세요! 아내가 볼 때 남편은 어린아이같아 보이는 법이죠. 이 남자 믿고 있다간 여지없이 거지될 것 같다, 그래서 허리띠 졸라매기 시작한 것 아닙니까? 하지만 아무리 뜻이 좋아도 남편 몰래 딴 주머니 차는 것은 하나님의 법을 벗어난 죄입니다.

"여보, 미안해요. 이런저런 방법으로 모아 온 5,000만 원 여기 있어요. 앞으로 우리 이걸 어떻게 할까요?"

남편에게 빼앗기라는 말이 아니라 빛 가운데 나오라는 말입니다. 투명하게 공개한 상태에서 남편과 함께 방법과 길을 찾으라는 말입니다.

특히 맞벌이하는 부부 여러분! 주의하세요. 여러분들이야말로 아주 위험한 상태입니다. 요즘 공동 출자해서 살림한다고들 합니다. 망하려면 무슨 짓인들 못하겠습니까? 남편이 100만 원, 아내가 100만 원 내서 살림하고 나머지는 각자 알아서 관리하는 부부가 있다는데 그러려면 왜 결혼했습니까? 다시 한 번 강조하지만 재정이 하나가 안 되면 부부가 아닙니다. 하나님께서 주신 것을 따로 '몰래 주머니' 차고 있으면 강도입니다. 큰일 날 짓 하지 말고 월급날이 되면 단돈 1원도 속이지 말고 한 지갑에 쏟아부어야 합니다. 부부끼리는 완전무결하게 투명해야 합니다.

가계부와 친하라

가계부는 매우 중요합니다. 언뜻 하찮아 보이고 귀찮은 것 같아도 아주 중요합니다. 이번 기회에 가계부와 꼭 친해지기 바랍니다. 평생 해야 할 일인데 포기하지 마세요. 제멋대로 돈 쓰는 버릇을 던져 버리고 가계부와 친해지기 바랍니다. 가계부를 다룰 때 두 가지 유의사항이 있습니다.

첫째, 항목 수를 최소화하는 것입니다. 항목수가 적을수록 좋습니다. 매달 지출하는 전기료, 수도료, 월세, 관리비 등의 항목은 '주거비' 항목으로 묶어서 항목수를 간결하게 만드는 것입니다.

둘째, 가계부를 기록할 때는 간단 명료하게 해야 합니다. 콩나물 300원, 무 500원, 고추 1,000원, 시금치 700원 이렇게 자세히 쓰지 말고 그냥 부식비 2,500원 하면 그만입니다.

가계부는 누가 기록하는 게 좋습니까? 대개 가계부는 여자가 기록한다고 생각하는데 반드시 그렇지 않습니다. 둘 중 꼼꼼한 사람, 숫자에 밝은 사람, 계획성과 기획력이 있는 사람이 적어야 합니다. 여자라도 꼼꼼하지 못한 사람이 있고, 남자라도 섬세하고 꼼꼼한 사람이 있듯이, 적성에 맞는 사람이 가계부를 쓰면 됩니다.

가계부 항목 배열 순서는 '헌금' 장에서 설명한 우선순위 순으로 배열합니다. P1 Obligation(의무), P2 Needs(필수), P3 Wants(기호) 순으로 하면 됩니다. 자, 이런 순으로 배열해 봅시다.

가계부 항목 배열 순서

• Obligation(의무)

이 순서는 만인공통입니다. 순서를 바꿀 수 없습니다.

1) 헌금: 십일조, 주일 헌금, 구역 헌금, 각종 예배에서 드리는 헌금
2) 투자(선교사 후원, 구제 활동 비용, 플로잉(flowing)): 구제 헌금, 감사 헌금, 작정 헌금, 기부금, 후원금, (도와야 할) 손님 대접, 비전을 이루기 위한 헌금과 저축
3) 빚: 부채 이자와 원금상환금, 보증 선 것에 대한 충당금 적립

• Needs(필수)

가정 형편에 따라 순서를 조정하십시오. 항목도 필수인지, 기호인지 각 가정의 형편에 맞추어 조정하면 됩니다.

4) 주거비(주거생활에 관련된 모든 비용): 전기료, 수도료, 가스료, 전화료, 관리비, 월세, 주민세, 재산세, 난방비, 가구 구입비, 적십자회비, TV시청료, 인터넷 사용료, 주택보험료, 전등 전구 구입비, 화장실 용품, 주방기구, 청소비, 가사도우미 비용, 도배비 같은 수리 비용, 주택구입저축 등

5) 주·부식비: 주식비와 재료비, 점심값, 도시락, 군것질 등
6) 의료비: 병원비, 약값, 보약, 건강 목적의 운동 비용, 건강을 위한 저축, 사망 대비 저축 등
7) 교통비: 차량 구입비, 유류비, 세금, 보험료, 수리비, 할부금, 차량 구입 저축
8) 교육비: 학자금, 등록금, 참고서, 학원비, 배낭여행비, 유치원비, 자녀교육 저축, 유학 대비 저축
9) 육아비: 출산 비용, 유아기에 소요되는 비용, 출산 대비 저축

- Wants(기호)
  10) 문화 피복비: 휴가비, 여행 비용, 취미/여가 생활, 문화활동 비용, 피복비, 화장품, 이미용비, 이와 관련된 저축
  11) 경조비: 선물비, 경조비, 용돈, 손님 대접, 이와 관련된 저축

• 관리 항목

1) 신용카드 결제용 봉투: 예산이 아니고 카드를 사용한 날 그 금액을 이 예산봉투에 집어 넣는다.
2) 차입금: 매월 가계부 여백에 차입금 명세를 기록해 둔다.

신용카드, 어떻게 쓰는가?

저희 세대는 신용카드가 없어서 후진국인 줄 알았습니다. 장기 주택론이 없어서 금융 후진국인 줄 알았습니다. 이쯤에서 저의 경력을 다시 한 번 소개해야 할 것 같습니다. 이 부분에서 저와 의견이 첨예하게 부딪칠 수 있기 때문입니다.

저는 평생 은행원으로 일했습니다. 일류 은행의 지점장을 시내 한복판에서 17년이나 했습니다. 요즘 지점장의 본업이 무엇인 줄 압니까? 카드 장수입니다. 제가 바로 그 카드 장수였습니다. 지금부터 신용카드 문제, 은행 거래 문제, 부동산 문제, 보험 문제들을 다룰 테니 귀 기울이시기 바랍니다.

신용카드는 한마디로 말해 맘몬의 최첨단 무기입니다. 대량 살상 무기입니다. 여기에 걸려들면 100% 죽습니다. 오늘도 카드 회사에서는 머리 좋은 사람들이 모여서 여러분을 멸망으로 끌고 갈 예리한 무기를 개발하고 있습니다. 그러니까 신용카드를 대할 때 '말이 된다', '유리하다', '편리하다', '돈이 된다' 그런 생각이 들면 얼른 산꼭대기로 도망치세요. 설득당한 순간 신용카드를 잘라 버리기 바랍니다.

신용카드는 무서운 물건입니다. 속아 넘어가지 않기 위해 두 눈을 부릅떠야 합니다. 그런데 현실적으로 말이 됩니까? 요즘 세상에 신용카드를 안 쓰고 어떻게 살 수 있다는 겁니까?

신용카드는 두 가지 기능이 있습니다. 융통(loan) 기능과 결제(clear) 기능. 결제 기능이란, 우리가 물건을 사고 카드를 긁으면 며칠 후에 통장에서 자동으로 빠져나가는 것을 말합니다. 카드의 본래적 기능이지요. 융통 기능은 돈을 돌려쓰는 기능입니다. 융통 기능에는 어떤 것들이 있습니까?

- 현금서비스, 할부서비스: '서비스' 너무 좋아하지 마세요.
- 카드론: 별의별 카드론이 지뢰밭처럼 널려 있습니다. 지극히 위험한 물건입니다. 살짝만 건드려도 터지는 물건입니다.
- 카드깡

먼저 어떤 일이 있어도 융통 기능은 이용하면 안 됩니다. 대개 이것을 이용하려다 드러눕고 말지요. 마지막으로 갈 데가 없을 때 이것을 이용하려 하거든요. 그러므로 융통 기능을 이용해야 할 상황이라면 그냥 연체하고 카드는 잘라 버리세요. 그래야 적게 망합니다. 문제가 더 복잡해지지 않습니다.

융통 기능은 그만큼 위험천만한 것입니다. 절대로 이곳에 출몰하지 마십시오. 저도 은행에 다닐 때 100만 원 마이너스대출 썼는데 30년간 갚지 못하다가 결국 퇴직금으로 갚고 나왔습니다. 이렇게 무서운 것입니다. 계산상으로는 별것 아닌데 뜻대로 안 됩니다.

맘몬은 우리를 공격할 때 '따지는 병'을 이용합니다. 그러므로 '말이 된다', '이익이 된다' 싶으면 쳐다보지도 마세요.

'잠깐만 쓰면 돼, 이번만 쓰면 돼, 다음 보너스 나올 때까지만 쓰면 돼' 하지만 뜻대로 안 됩니다. 금액이 점점 늘어날 뿐입니다.

  할부가 좋다고요? 금액이 좀 크다 싶으면 무조건 할부하려고 하는데 매우 위험한 생각입니다. 아무리 금액이 커도 '일시불' 하세요. 왜 할부로 하려고 합니까? 돈이 없어서 그렇습니까? 그러면 그것 사지 마십시오. 목돈 주기가 아까워서 그렇습니까? 소탐대실일 뿐입니다. 첫 달은 무리 없이 결재하지만, 2개월째는 다른 돈 헐어서 지불하고, 3개월째에는 현금서비스 받아서 결제하게 됩니다. 멸망으로 가는 시초입니다.

  처음에는 현금을 쌓아놓고 시작했는데 누구 빌려 줘, 어디다 잠깐 투자해, 이런저런 급한 일에 당겨써, 그러다 보면 어느새 돈은 온데간데없어집니다. 결제 계획이 분명했고 자신도 있었다고요? 하지만 돈이 뜻대로 움직여 주던가요? 절대로 그렇지 않습니다. 더구나 승용차같이 큰 거래는 더욱 위험합니다. 한 번 삐끗하면 구멍이 커서 대책이 없어집니다. 현찰 주고 사세요.

  어느 통계를 보니 월 할부금 20만 원 이상을 부담할 수 있으려면 월수입이 650만 원 이상이어야 한다고 합니다. 할부 좋아하는 사람은 2~3만 원짜리가 주렁주렁합니다. 금방 50만 원 되고 70만 원 됩니다. 보통 월급쟁이는 감당하지 못합니다. 할부는 살림을 부숴 버립니다. 나중에는 닥치는 대로 끌어다가 결제하게 됩니다. 할부가 2건 이상 된다면 카드를 가위로 자르십시오. 고질병이 되기 쉽습니다.

  카드론은 할부보다 훨씬 더 위험합니다. 고금리인데다 초단기여서 만기는 숨차게 돌아오고 거기다 가능하면 안 갚고 싶어 하는 안일함까지 있어서 평생 갚지 못합니다.

　융통 기능을 사용 중인 사람은 당장 거기서 나오십시오. 수단 방법 가리지 말고 나오십시오. 은행 대출로 바꾸거나 부모 형제의 도움을 받아서라도 당장 갚고 빠져나오십시오. 지금 상황은 머리 위로 소돔과 고모라의 유황불이 쏟아지는 상황입니다. 다시는 얼씬도 하지 마십시오.

신용카드 알뜰 작전

신용카드는 사용하자마자 빚을 지게 하는 무서운 속임수가 들어 있습니다. 사랑의 빚 외에는 어떤 빚도 지지 말라는 하나님의 명령에 정면으로 대항하고 있는 물건입니다. 그러므로 결제 기능을 바꾸기 바랍니다. 이것을 보완한 카드가 체크카드입니다. 체크카드는 사용하는 순간 통장에서 결제되는 카드입니다. 잔액이 부족하면 자동으로 결제가 안 됩니다. 그것 안 사면 큰일 날 것 같은데 아무 일도 안 일어납니다.

신용카드가 더 편리합니까, 체크카드가 더 편리합니까? 신용카드는 잔액이 없어도 물건을 살 수 있으니까 더 편리합니다. 통장에 찍힌 숫자가 진짜 숫자입니까? 아닙니다. 언제 얼마가 빠져나갈지 다 기억합니까? 못합니다. 그러면 통장을 보면서 무슨 생각을 하지요? '에라 모르겠다. 일단 쓰고 보자.' 이게 신용카드가 주는 독배입니다. 일단 쓰고 보면 망하는 길로 진입합니다. 체크카드는 할부가 되지 않으니 더욱 좋습니다. 소비벽을 어떤 것도 통제하지 못하는데 이 카드는 나를 자동으로 관리해 줍니다. 과소비도 막아 주고 소득공제에는 오히려 체크카드가 더 유리합니다.

신용카드는 마일리지다, 포인트다, 적립이다 해서 우리를 한없이 유혹하지만 그런 돈이 어디서 나오겠습니까? 내가 쓴 돈에서 나옵니다. 나에게 100원을 돌려주기 위해서 200원을 미리 더 받는 겁니다. 그러니까 마일리지가 많을수록 더 많이 손해 봤다는 뜻입니다. 장사꾼이 손해 보는 것 보았습니까?

포인트나 적립이나 마일리지를 받기 위해서 카드를 쓰는 사람도 있는데 미친 짓입니다. 포인트는 구매 시에 즉석에서 사용하십시오. 절대로 쌓아 두지 마십시오. 쌓을수록 그들이 이익을 보고 나는 손해만 봅니다. 그동안 물가 오르지요, 카드를 잃어버릴 수도 있고, 그 가게에 오랫동안 못 갈 수도 있고, 5년 후면 자동으로 삭제되어 기껏해야 본전밖에 안 됩니다. 하지만 저들은 시간이 지날수록 이익만 있습니다. 무얼 바라고 다음에 사용하겠다고 벼릅니까? 헛된 욕심을 부리지 말고 그날 즉시 바로 사용하십시오. '더 큰 선물'이요? 그게 우리 인생을 바꿔 주지 않습니다.

그러나 해외여행을 갈 때는 반드시 카드를 소지하기 바랍니다. 그 나라 동전을 아무리 많이 가져와도 우리나라에 오면 어느 은행도 바꿔 주지 않습니다. 카드로 결제하면 1원 단위까지 깨끗하게 떨어지므로 이익입니다. 또 교통카드는 반드시 가지십시오. 우리에게 이익이 되는 것만 추려서 가져야 카드가 우리를 이용하도록 놔두면 안 됩니다.

카드의 편리성, 유리성에 넘어가면 안 됩니다. 예컨대 현금서비스나 카드론은 절차가 너무나 간단하잖아요. 은행에서 융자받으려면 며칠씩 인터뷰해야 하고, 서류 떼야 하고, 사인하고, 도장 찍고, 승인될 때까지 기다려야 하는 등 아주 복잡하고 까다롭습니다. 그런데 카드는 집어넣기만 하면 즉석에서 돈이 나옵니다. 얼마나 신나는 일입니까? 그게 독약이라는 걸 사람들이 모르니까 독배를 들고 즐거워하다가 죽어 가는 것입니다.

제 전직이 무엇이었다고요? 카드 장수!

신용카드 사용 수칙

★ 예산에 책정된 것일 때만 사용한다

예산에 없다면 이렇게 해보십시오. 살 물건의 리스트를 벽에 붙여 놓고 한 달간 생각해 보십시오. 백화점에 갔더니 사고 싶어서 견딜 수 없는 물건이 있다고 칩시다. 그럴 땐 3종 이상의 물건을 정해 놓고 어느 것을 먼저 살까 생각하십시오. 또는 그 물건을 적어도 열 번은 가서 만져 보고 살펴보십시오. 볼 때마다 달라집니다.

★ 예산에 책정된 것일지라도 통장에 잔액이 없으면 안 산다

그 물건 안 산다고 절대로 큰일 일어나지 않습니다. 죽지 않습니다. 신용카드로 사는 짓은 그만두십시오. 지금 소비를 줄이자는 이야기를 하는 것이 아닙니다. 돈 쓰는 습관과 지출 결정을 어떻게 할 것인가를 말하고 있는 것입니다.

★ 가끔 연체한다면

빨간불이 들어온 것이니 일단 카드부터 자르십시오. 오늘 당장 결제할 명세를 조회해서 통장 잔액과 대조하십시오. 거기에 맞게 돈 대책을 세우십시오.

★ 사용액이 카드 한도액에 꽉꽉 찼다면

이것도 빨간불이 들어온 것입니다. 지출 규모가 늘어난 것이니 카드부터 자르십시오. 지출 규모가 늘어나면 천하장사라도 못 줄입니다. 정년퇴직 할 때까지도 줄이지 못합니다. '지출 초과병'은 무서운 불치병입니다. 망하는 병입니다. 지금 불행기에 접어든 것입니다. 규모를 줄여서 쓰느라 쓰고 싶은 것 다 쓰지 못하는 것은 '작은 불행'입니다. 있는 대로 다 쓰고 돈이 모자라서 쓸 것을 못 쓰고 있다면, 이것은 '큰 불행'이고 멸망의 길에 접어든 것입니다. 최근 3개월간의 카드 사용 내역을 면밀히 점검하십시오. 끊을 것은 과감하게 끊으십시오. 목숨을 걸고 지출 규모를 줄이십시오!

★ 현금서비스를 이용하기 시작했다면

현금서비스든 카드론이든 사용하기 시작했다면, 칼날이 목에 닿아 있는 형국입니다. 이번에는 정말로 카드를 자르십시오. 카드 없어도 절대로 죽지 않습니다. 이번에 카드를 자르지 않으면 죽는 길밖에 남지 않았습니다. 멸망이 코앞에 닥쳤습니다! 비상입니다!

★ 돌려막기를 하고 있다면

당장에 대출로 바꿔 타십시오. 수단 방법 가리지 마십시오. 죽기 아니면 살기 식으로 덤벼도 될까 말까입니다. 목숨을 걸고 이 길에서 빠져나오세요! 큰일났습니다. 사이렌이 울린 상황입니다. 위기가 닥친 것입니다.

정말 살고 싶으면 당장 체크카드로 바꾸십시오. 제발!

어떤 분은 신용카드 제도 자체가 엄청난 규모이고 그 영향력이 얼마나 큰데 '아예 끊으라'고 말하느냐, 너무 쉽게 이야기하는 것 아니냐고 제게 항의하기도 합니다. 맞습니다. 신용카드를 끊고 살기란 쉽지 않습니다. 사회 구조적으로 어렵게 돼 버렸습니다. 그러나 신용카드의 진짜 모습을 정확하게 알아야 한다는 것, 무엇보다도 그 신용카드가 우리를 이용해서 맘몬을 승리로 이끌고 있다는 것, 다시 말해 망하는 길로 가고 있다는 것을 현실로 인식하기 바랍니다. 정 카드를 못 끊겠다면 현명하게 이용하십시오. 하지만 신용카드 아이큐가 500입니다. 이기는 사람 없습니다.

첫 걸음은 예산 세우기부터

예산 세우기에 대해서는 가계부를 설명할 때 개괄을 정리했으므로 이번에는 실전을 살펴보기로 하겠습니다.

가계부 담당자는 기록하는 것만이 능사가 아니고, 예산을 세우고, 월별로 결산을 하고, 그 내용을 따져 반성하고 개선 방안을 만드는 일까지 해야 합니다. 무엇보다 예산 세우는 일에 많은 시간을 들여야 합니다. 예산이 무너지고 가계부가 무너지면 모든 게 수포로 돌아갑니다. 그래서 지금까지 공부한 모든 내용의 결론이 가정경제입니다. 가정경제가 무너지면 모두 허사가 되고 맙니다.

재정 성공의 첫걸음은 예산을 잘 세우는 것입니다. 첫 번째 전쟁은 예산이고, 두 번째 전쟁은 가계부 기록이고, 세 번째 전쟁은 예산을 목숨 걸고 지키는 것입니다. 이 세 가지 중 하나라도 무너지면 모두 수포로 돌아갑니다.

예산을 세울 때는 온 가족이 모여서 함께 세우기 바랍니다. 왜냐하면 가족 전원의 공동 책임이기 때문입니다.

제 경우, 대학생이 셋 있는데 한 달 용돈을 정해서 주면 그 녀석들 입이 댓 발 튀어 나옵니다. "아빠, 이거 가지고 어떻게 살라고 그러세요. 맨날 거지 생활이고 적자 인생이에요."

그래서 다음 달 예산 세울 때 모두 불러 모았습니다. 그러자 녀석들의 입이 더 이상 나오지 않았습니다. 왜냐하면 자기에게 배당된 금액이 어떻게 나왔는지를 알았거든요. 얼마나 어렵게 그 돈이 자기에게 온 것인지를 알기 때문에 그때부터 책임을 느끼는 것입니다. 아이들은 자기가 이 돈으로 한 달을 살지 못하면 무슨 일이 일어나는지를 알기 때문에 치열하게 관리하기 시작했습니다. 거기서 기도가 뜨거워지고, 감사가 나오고, 치열한 돈 싸움에서 희열을 느끼고, 적자 없이 한 달을 보냈을 때 승리감과 감격을 느끼기 시작했습니다. 하나님께 더욱 매달리는 하나님 오리엔티드(oriented)도 강화되었습니다. 진지해지고 건전해졌습니다.

남편도 마찬가지입니다. 매일 용돈 타고 나가면서 "이걸 가지고 어떻게 살라고 그래!" 하며 현관문을 쾅 닫고 나갑니다. 그런데 함께 예산을 짜고 나면 그런 일 싹 사라집니다. 책임감이 생깁니다. 감사가 있습니다. 감격이 있습니다. 기적을 체험합니다. 그래서 예산 세우기는 쥐어짜서 꽁꽁 묶는 것이 아니라 하나님의 일하심을 보게 하는 것입니다.

여러분은 월급을 어떻게 받고 있나요? 통장으로 받고 있죠? 그렇게 해서 득을 얻는 사람이 누굽니까? 은행입니다. 월급을 통장으로 주는 바람에 은행이 떼돈을 벌고 있습니다. 여러분은 떼 손해를 보고 있고요. 왜 떼 손해일까요? 돈 쓸 일은 눈앞에 있는데 돈은 보이지 않는 통장에 있거든요. 그러면 계산 없이 '우선 쓰고 보자'가 되기 쉽습니다. '우선 쓰고 보자' 하면 어떻게 된다고 했죠? 망하기 시작하는 겁니다. 돈에 대한 긴장감이 떨어지기 때문에 돈 관리가 매우 허술해집니다. 은행을 이용해야지 은행에게 이용당하면 안 됩니다.

자, 앞으로는 이렇게 하기 바랍니다. 월급을 받으면 월급명세서와 함께 현금으로 찾아서 집으로 가져오는 것입니다. 1원짜리까지 틀림없이 가져오십시오. 돈은 현금으로만 관리가 되지 숫자로는 관리가 안 됩니다. 가정경제가 무너지면 다 무너지는 것인데 가정경제에서 돈을 꼼짝 못하도록 단단히 매야 합니다. 그렇지 않으면 돈이 여러분을 끌고 다닙니다.

현금을 찾아왔으면 가계부의 항목대로 예산을 세웁니다. 세울 때는 금액으로 세울 수도 있고, 전체 금액에 대한 비율(%)로 정해서 할 수도 있습니다.

A씨 가족의 예산을 참고하기 바랍니다.

1. 씨앗: (가처분소득×10% + a)   a = 납부세액×10% 해당액
2. 투자: (가처분소득×17%)
3. 빚: (가처분소득×5%)
4. 주거비: (가처분소득×23%)
5. 주부식비: (가처분소득×8%)
6. 교통비: (가처분소득×7%)
7. 교육비: (가처분소득×10%)
8. 의료비: (가처분소득×2%)
9. 경조 선물비: (가처분소득×7%)
10. 문화 피복비: (가처분소득×8%)

이상의 합계는 97%입니다. 3%로 a를 충당하고, 남는 돈은 적의(適宜)

하게 다른 예산에 합산하십시오.

*카드 결제용 봉투… 카드를 사용한 금액을 이 봉투에 담는다.
*가처분 소득 = 월급 실수령액 + 기타 수입

이렇게 하면 월급이 어느 봉투엔가 다 들어갑니다. 그러면 예산작업이 모두 끝난 것입니다. 이제부터 지출할 때는 어떻게 할 것인가를 설명하겠습니다.

돈을 지출할 때는 직접 봉투에서 현금으로 지출합니다. 지금 은행 통장에는 돈이 없습니다. 돈은 모두 봉투 속에 있습니다. 돈봉투에는 금전출납부 양식을 만들어 붙여서 사용합니다. 돈을 지출했으면 봉투 겉면에 다 기록합니다. 봉투 겉면에 적힌 금액과 봉투 안의 금액은 무슨 일이 있어도 일치해야 합니다. 물론 지출 내용은 가계부에도 기록합니다. 여기서 목숨만큼이나 중요한 것 하나를 짚어 보겠습니다.

봉투 안의 현금 합계액 = 가계부 잔액

이 등식이 성립되지 않는다면 가계부가 소용없습니다. 가계부 기록과 현금이 따로라면 아무 의미가 없습니다. 그러므로 매일 매일 결산을 해서 가계부 잔액과 봉투 안의 현금이 맞는지 맞춰 놓고 잠자리에 들기 바랍니다.

저축하는 법,
돈에 꼬리표를 달라

그 다음으로는 저축을 어떻게 할 것인지를 말씀드리겠습니다. 예산서에 저축이라는 항목이 없지요? 다 쓰고 마는 건가요? 그렇지 않습니다. 지금부터 알려 드리는 것은 세계 특허입니다. 잘 듣고 실천하기 바랍니다.

지금까지 어떻게 저축했습니까? 보통 적금을 들지요? 그런데 혹시 만기해약 해본 적 있습니까? 저는 평생 은행원으로 살았지만 만기해약은 평생에 딱 한 번 해봤습니다. 그만큼 어렵다는 뜻입니다. 돈 모으기가 그렇게 어렵습니다. 왜 그럴까요? 돈은 내 계산대로 놀아 주지 않기 때문입니다. 돈은 절대로 머리로 계산한 대로 움직여 주지 않습니다. 셈 따로 현실 따로입니다.

예를 들어 한 달에 30만 원씩 적금을 들었다고 합시다. 그런데 살다 보면 왜 그리도 돈 쓸 일이 많은지, 두세 달 붓다가 해약하고 맙니다. 적금을 들면서 나름대로 쓸 계획이 화려했건만 다른 급한 일이 이미 안방을 점령하고 들어와 결국 실패로 끝나고 맙니다.

그래도 독종(?)들은 만기해약 합니다. 그런데 그 사람은 아마 앞으로 남고 뒤로 크게 밑졌을 것입니다. 적금을 탔으니 큰돈은 생겼으나, 그동안 이 돈 저 돈 끌어다 미리 써서 빚이 적금 탄 것보다 더 많은 경우가 허다합니다. 이런 식으로 저축해서는 돈 모으기 힘듭니다. 자 이렇게 해보십시오.

예산 봉투가 항목별로 있습니다. 그런데 어떤 봉투는 돈이 점점 불어납니다. 돈을 쓰는데 돈이 오히려 불어납니다. 예를 들어 교통비, 이 봉투 속에는 앞으로 지출할 보험료, 수리비, 재산세가 들어 있습니다. 앞으로 차 살 돈이 여기에 들어 있습니다. 그러니까 돈이 점점 불어나는 것입니다. 주거비도 마찬가지입니다. 거기에는 1년에 두 번 내는 재산세와 전세자금이나 주택 구입자금이 포함되어 있습니다. 그러므로 이 봉투는 첫 달에 봉투가 찢어지겠지요. 또 문화 피복비도 몇 달 못 가 찢어질 것입니다. 여름 휴가 여행비, 옷 사 입을 돈이 거기에 들어 있으니까요. 다른 봉투도 이런 경우가 있을 것입니다.

그러면 이런 돈을 어떻게 할까요? 그 돈을 저축합니다. 처음에는 입출입식 저축예금 통장에 넣어 두기도 하고, 또 어떤 돈은 적금에 들기도 하고, 어떤 돈은 정기예금으로 매달 차곡차곡 늘려 갑니다. 돈이 더 많아지면 펀드도 사고, 채권도 사고, 주식도 사고, 더 많아지면 땅도 사고 그러겠지요. 그런데 이 돈을 담은 저축증서, 통장, 증권에는 반드시 이 돈의 출처를 주먹만하게 써 놓아야 합니다. 통장 겉면에 '주거비', 혹은 '문화 피복비', '교통비' 이런 식으로 글씨를 크게 써야 합니다. 그리고 그 돈은 그 사유가 발생할 때만 건드립니다. 그 용도에 모자라면 다른 돈 건드리지 말고 더 저축해서 몫이 차면 그때 사용하는 거지요.

은행에 가서 통장 10개, 20개 만들어 달라고 해도 아무 소리하지 않고 만들어 줍니다. 이런 것을 은행을 이용한다고 하는 것입니다. 융자 얻는 것만이 은행을 이용하는 것이 아닙니다.

모든 돈은 이처럼 꼬리표를 붙여서 관리해야 합니다. 그렇지 않고 단한 푼이라도 섞이면 금세 무너지고 맙니다. 망하기 시작하는 것입니다.

예를 하나 들어 봅시다. 언니가 무슨 일로 50만 원을 잠깐 보관해 달라고 했다 합시다. 어떻게 하지요? 통장번호 불러 주죠? 며칠 후 확인해 보면 50만 원이 그대로 있지 않고 이미 부서져 버렸습니다. 이런 것이 빚이 되는 것입니다. 그러니 대책은 무엇입니까? 돈을 받자마자 은행에 가서 새 통장 하나를 만드는 것입니다. 그런 다음 그 통장 얼굴에다 '언니가 맡긴 돈' 이렇게 쓰십시오. 돈은 이렇게 관리해야 하는 것입니다. 다시 한 번 상기하십시오. '돈에는 꼬리표를 붙이자!'

용돈을 관리할 때도 이처럼 하면 됩니다. 용돈을 용도별로 갈라서 봉투에 담습니다. 이발료, 점심값, 교통비, 이렇게 해서 서랍에 넣어 두고 사용합니다. 또는 지갑 안에는 여러 칸이 있으므로 나름대로 칸을 지정하여 사용하면 됩니다. 그렇지 않으면 용돈이 블랙홀입니다. 엊그제 CD기에서 10만 원 찾아 지갑에 넣어 두었는데 며칠 지나면 빈 지갑이 됩니다. 화가 납니다. 계산을 맞춰 보면 다 맞습니다. 절망합니다. 누구나 경험하는 실패 사례들입니다. 이렇게 되면 '에라, 모르겠다. 쓰고 보자' 하면서 망하기 시작합니다.

돈에 붙잡히면 엎어지고 자빠집니다. 꼬리표를 다는 것만이 이기는 유일한 길입니다.

지출 항목별
주의 사항

★ 빚에 대하여

성경은 빚을 최대한 우선적으로 갚으라고 말씀하십니다. 그러므로 매달 '갚아야' 합니다. 그런데 우리는 잘 갚지 않습니다. 우리에게는 빚에 대한 잘못된 통념이 있습니다. 첫째가 한꺼번에 갚는다, 둘째가 목돈 생기면 갚는다는 것입니다. 무작정 이렇게 생각하니까 빚이 안 갚아지는 것입니다. 당장 생각을 바꿉시다. '빚은 푼돈으로 갚는다, 빚은 날마다 갚는다.'

예를 들어 집 사느라 5,000만 원의 빚을 졌습니다. 갚을 엄두가 납니까? 안 납니다. 왜냐하면 너무나 큰 금액이기 때문입니다. 당장 쓰기 바쁘다 보니 빚이 실제보다 훨씬 더 커 보입니다. 그러면 포기합니다. 포기하면 '쓰고 보자'가 됩니다. 바로 망하기 시작하는 것입니다. '쓰고 보자'는 맘몬이 너무나 기뻐하는 말입니다. 절대 이 말을 사용하지 마십시오.

빚을 대할 때는 절대로 기죽지 마십시오. 전체를 바라보기 때문에 그런 것인데 빚을 쪼개서 보기 바랍니다. 우리가 한 달에 빚을 갚는 데 쓸 수 있는 금액이 얼마인가를 정하십시오. 그리고 그 금액과 씨름하십시오. 하나님 앞에서 그 금액이 빚인 겁니다. 그 금액을 책임지고 매달 갚아 가느냐 마느냐의 문제인 것입니다. 예컨대 빚이 5,000만 원인데 한 달에 50만 원을 갚겠다면, 그중에서 이자 24만원 내고 원금 26만 원을 갚아 가는 것입니다. 적금 붓지 말고 그 돈으로 매달 갚으십시오.

은행에 가서 월 50만 원으로 상환해 가는 원리금분할상환대출로 바꿔 달라고 해서 이것을 성실하게 이행하면 됩니다. 매달 일부 갚더라도 은행에서 절대로 싫어하지 않습니다. 중도상환 수수료가 부담된다고요? 글쎄, 그런 맘몬의 소액 태클을 무서워하면, 맘몬의 논리에 말리게 되고 빚은 영영 갚지 못합니다. 목돈으로 빚 갚겠다는 것, 극도로 주의하십시오. 하루라도 빨리 빚에서 벗어나기 바랍니다.

★ 주거비에 대하여

주택 구입을 위해 주택론을 쓸 때 융자 기간이 길수록 좋을까요, 짧을수록 좋을까요? 길수록 좋다고요? 왜 그렇죠? 안심하고 장기간 쓸 수 있어서라고요? 어찌나 맘몬에게 세뇌가 잘 되어 있는지 놀라울 따름입니다.

장기가 될수록 은행이 떼돈을 벌고 여러분은 떼 손해를 봅니다. 장기가 될수록 여러분은 은행의 밥입니다. 빚의 노예가 됩니다. 은행은 다 갚을 때까지 집 몇 채 값을 이자로 받아 갑니다. 대출금리가 5%면 20년마다 집 한 채씩 날아갑니다. 7%면 30년마다 집 두 채씩 날아갑니다. 융자 기간은 가급적 짧을수록 좋습니다. 3년이나 5년 정도로 해서 거기서 다시 시작하십시오. 기간이 짧아야 빚도 빨리 갚습니다.

금리는 변동금리가 좋습니까, 고정금리가 좋습니까? 변동금리가 쌉니까, 고정금리가 쌉니까? 네, 고정금리가 비쌉니다. 그런데 고정금리는 약정한 만기까지 같은 금리로 가기 때문에 경기가 불투명하고 불안정할 때는 안심할 수 있죠. 변동금리는 싼데 경기 사정에 따라 항상 움직입니다. 항상 불안정하죠. 그러면 어떻게 하죠? 간단히 정리합시다. 경기가 안정

적일 때는 변동금리를 쓰십시오. 경기가 요동을 치거나 불안해지면 은행에 가서 고정금리로 바꾸십시오. 물론 바꿔 주죠. 말은 간단한데 구체적으로 어느 시점에서 바꿀 것인가는 그리 만만하지 않습니다. 가장 좋은 방법은 은행에다 뻔질나게 물어보는 것입니다. 물어본다고 수수료 받지 않습니다. 발품을 팔지 못하면 입품이라도 부지런히 파세요. 금리 동향은 은행원이 가장 정확합니다.

융자가 여러 건일 때 합치는 것이 좋습니까, 그대로 가는 편이 좋습니까? 이런 질문은 대개 빚이 살구나무에 연줄 걸리듯 했을 때 받는 질문입니다. 열 군데, 스무 군데에 빚이 있습니다. 이런 때는 가급적 하나로 뭉치지 마십시오. 그것은 개악입니다. 금액이 커지면 갚기도 어렵고, 이자도 어려움을 겪습니다. 금액이 작으면 몇 건은 이자라도 낼 수 있는데 한 덩어리로 뭉쳐 놓으면 아예 이자도 못 냅니다. 금액이 커지면 담보를 요구하고, 보증인을 요구합니다. 무엇보다도 금액이 클수록 융자받기가 어렵습니다. 대책 세우기도 훨씬 어렵습니다. 문제를 해결할 때도 작은 여러 건인 경우가 더 쉽습니다. 부도 상태가 아닌 정상 상태일 때도 마찬가집니다. 하나로 뭉치지 마십시오. 문제를 어렵게 만듭니다. 맘몬은 쉴 새 없이 집 담보 넣고 한 건으로 뭉뚱그려 편리하게 하라고 꼬드깁니다. 그렇게 하면 한 방에 날려 버릴 수 있기 때문이죠. 절대 속지 마세요.

★ 집 사는 요령

주택을 구입할 때 작은 집을 여러 번 굴리는 게 유리할까요, 큰 집 하나를 장기 보유하는 게 유리할까요? 작은 집을 여러 번 굴리는 게 유리합니다. 계산을 해보죠.

1~5년 차	김씨	민씨
자기 자금	1억 원	1억 원
융자	1억 5,000만 원 (30년/7.0%)	5,000만 원 (5년제/5.5%)
주택 구입	2억 5,000만 원	1억 5,000만 원
융자원리금	월 965,000원	월 965,000원
6~10년 차	융자 상환 계속	주택 2억 원짜리 구입 (매매한 주택+융자 5,000만 원)
융자원리금	월 965,000원	월 965,000원
11~15년 차	융자 상환 계속	주택 2억 5,000만 원짜리 구입 (매매한 주택+융자 5,000만 원)
융자원리금	월 965,000원	월 965,000원
15년 차 자산 규모	2억 5,000만 원	2억 5,000만 원
16~30년 차	융자 상환 계속	자산 규모가 같으므로 투자 중지
융자원리금	월 965,000원	월 965,000원 적금 불입/15년간
30년 후의 재산	2억 5,000만 원	(집) 2억 5,000만 원 (적금) 1억 9,000만 원
총 재산	2억 5,000만 원	4억 4,000만 원
30년간 비용 (이자)	약 1억 7,500만 원	약 2,200만 원
《순 재산》	7,500만 원	4억 1,800만 원

정리: 1. 장기 융자일수록 손해가 커진다.
2. 작은 주택을 여러 번 굴리는 편이 유리하다.
3. 구입 주택의 크기에 따른 시가 변동은 어느 쪽이 유리하다고 확증할 수 없다.

★ 주·부식비에 대하여

주·부식비를 줄이는 팁(tip) 두 가지를 소개합니다.

첫째, 시장에 갈 때는 남편과 사전에 역할 모델을 정하십시오. 대체로 세상 물정에 어두운 남편은 수레만 끌기로 하고 가십시오. 물론 요즘은 아내보다 더 살림 잘하는 남편도 많습니다.

둘째, 구매 리스트를 정해서 가십시오. 다른 것은 쳐다보지도 말고 그것만 사 가지고 뒤도 돌아보지 말고 오기 바랍니다.

★ 교통비에 대하여

승용차는 이미 사치품이 아니고 일상용품이 되었습니다. 그러므로 자존심 걸지 말기를 바랍니다. 차 구입에 대한 몇 가지 기준을 제시합니다.

첫째, 외상으로 사지 마십시오.

특히 할부로 사는 것은 자살 행위입니다. 설령 무이자 장기 조건일지라도 쳐다보지도, 생각지도 마십시오. 할부로 사면 다른 살림 무너지고 무너지면 '에라, 모르겠다. 쓰고 보자' 합니다. 멸망의 시초입니다.

둘째, 분에 맞는 차를 사십시오.

자존심을 걸지 마십시오. 중고차를 활용하십시오. 중고차는 감가상각비가 소형이나 중형차라면, 대충 1년에 100만 원 정도 됩니다. 또 렌터카도 좋은 조건이 많습니다. 세금, 보험료, 사고처리 등에 있어서 매우 간단합니다.

일본 중산층 가정은 대체로 3대의 차를 사용합니다. 800~900cc 한

대, 1500~1800cc 한 대, 그리고 2500cc 이상 한 대, 이렇게 3대를 둡니다. 소형차는 시장이나 학교, 시내에 용무가 있을 때 온 가족이 사용합니다. 중형차는 고속도로를 달려야 할 때 사용합니다. 대형차는 파티 갈 때만 씁니다. 인색할 정도로 검소한 일본인답습니다. 그 용도의 차를 다른 사람이 사용하고 있으면 전철을 이용합니다. 그 정신은 배울 만하다고 하겠습니다. 차는 차 값이 문제가 아니라 기름 값과 세금과 보험료가 문제이기 때문에 충분히 고려해 봄직합니다.

셋째, 다음에 살 차 대금이 모아질 때까지 현재 차를 끄십시오.

현재 우리나라에서 생산되는 차들은 150만 km 이상 달릴 수 있도록 제작된다고 합니다. 그런데 5만 km만 되어도 궁둥이가 들썩거립니다. 지금은 차들의 디자인이 얼마나 좋은지 세월이 지나도 별로 문제될 게 없습니다. 미국이 30만 km 정도 되는 것에 비하면 우리는 너무 자주 차를 바꾸고 있다고 생각됩니다.

기름은 천천히 달릴수록 적게 듭니다. 그러므로 가급적이면 천천히 달리기 바랍니다. 길이 뚫린 길에서는 30~50km면 충분합니다. 경제 속도가 80km라는 말은 기름이 가장 적게 드는 속도라는 뜻이 아닙니다. 기름 값과 시간 값을 따질 때 그렇다는 것입니다. 시간 값이 낮으면 천천히 달리십시오.

만약 80km에서 100km로 달리면 속도는 15% 늘었는데 기름은 30% 가까이 더 듭니다. 타이어는 공기압이 낮을수록 기름이 더 듭니다. 타이어는 1만 km마다 바퀴의 방향을 바꿔야 합니다. 트렁크에 차중의 10%의 짐을 실으면 기름도 10% 더 듭니다. 기름은 1/3정도를 주유하는 것이

222

차중 부담을 생각할 때 가장 이상적인 양입니다. 냉방은 40km 이상일 때만 켜야 합니다. 지나친 저온이나 고온은 20% 이상의 열효율을 떨어뜨립니다. 내리막길에서 기어를 빼서 기름 소모를 줄이려는 것은 죽음을 부르는 일입니다. 매우 위험하므로 절대 금물입니다. 기관이 망가지고, 치명적인 고장의 원인이 됩니다.

먼 거리나 복잡한 길은 지하철이나 버스를 이용하고 가까운 거리는 승용차를 이용합니다. 택시를 타는 것이 가장 저렴하니 자가용이 있더라도 택시를 애용하십시오. 택시를 타기로 하고 차를 없애는 것도 권할 만한 대책입니다.

★ 문화 피복비/경조비에 대하여

경조비나 선물비는 매월 일정한 예산을 세워서 적립해 가야 합니다. 그렇지 않으면 봄 가을 경조사가 많을 때 살림이 무너집니다. 살림이 무너지면 현금서비스로 달려가게 되고 그러면 망하기 시작합니다. 그러므로 빚을 지지 않도록 예산을 세워 적립해서 미리 미리 예비해야 합니다. 다른 살림을 무너뜨리면서까지 하면 안 됩니다.

문화 피복비도 마찬가집니다. 매월 예산을 세워서 적립해야 합니다. 여름 휴가를 떠날 때도 '문화 피복비'가 든 봉투 사정을 보고 거기에 맞게 계획하면 됩니다. '문화 피복비' 봉투와 통장에 든 금액이 20만 원 있으면 20만 원 범위 내에서 하면 되는 것입니다. 그 이상 하면 안 됩니다.

옷도 예산을 세우지 않으면 나중에 변변한 스타킹 하나 살 수 없게 됩니다. 봉투 안에 50만 원이 있으면 그 범위 안에서 옷을 사 입고, 더 좋은 옷을 사고 싶으면 몇 달 더 저축했다가 사십시오. 일단 카드로 사고 결제기일에 가서 결제하자 하면 이미 어그러지기 시작한 것입니다. 그런 방식의 쇼핑을 아예 버리기 바랍니다.

결어

하나님이 돈의 주인입니다. 그러므로 돈을 움직일 수 있는 인간은 아무도 없습니다. 경제를 인간이 조절, 조종할 수 없습니다. 어떤 인간이 경제를 책임지겠다고 한다면 그것은 거짓이라고 할 수 있습니다. 하나님께서는 돈에 대한 절대적 주권을 행사하고 계십니다. 돈 관리권은 아담에게도 양여하지 않으셨습니다. 그러므로 돈에 대해서는 하나님과 상의해야 합니다. 돈은 어디까지나 주인이신 하나님의 뜻대로 사용해야 합니다.

하나님께서는 가정에서 돈이 시작되도록 하셨습니다. 가정이 천국의 근원이기 때문입니다. 하나님과 같은 형상, 즉 체질, 경향, 정서를 가진 인간이 거기에 있기 때문입니다. 세상 질서의 출발점을 부부로 삼으셨기 때문입니다. 그래서 부부가 있는 가정이 하나님과 가장 잘 통하는 곳입니다.

가정은 하나님 통치의 발원지입니다. 그 가정 안에 가장 중요한 존재는 부부입니다. 하나님의 천지창조는 부부 창조로 대단원을 마감하셨습니다. 그래서 가장 중요한 돈을 거기서 출발시키십니다. 거기서 세상으로 흘려보내도록 세상 구조를 만드셨습니다.

그런데 우리는 그 돈이 가정에 있지 않다고 믿고 삽니다. 맘몬이 속였기 때문입니다. 돈은 세상에 있다, 돈은 시장에 있다, 돈은 정부에 있다, 돈은 회사 금고에 있다, 그리고 돈은 각 사람의 주머니 속에 있다고 속여 왔습니다. 가정경제는 항상 이러한 주체들의 종속기관처럼 다뤘습니다. 그래서 돈은 맘몬의 수중에서 놀았습니다. 수없는 경제 이론이 생겨났지만 '바로 이거다' 하는 이론은 아직 없습니다. 시장에서, 은행에서, 산업에서, 개인의 주머니에서 이론을 만들었기 때문입니다.

이제 우리가 하나님의 경제 이론을 정립해야 합니다. 그런데 이런 이론은 아직까지 없었습니다. 이 이론은 그리스도인의 가정경제에서 만들어가야 합니다. 경제학자들이 필요한 것이 아니라 가정의 성공 모델이 필요합니다. 맘몬은 가정들을 파괴하는 데 팔을 걷어붙이고 덤벼들고 있습니다. 그 일을 하지 못하도록 강력하게 쳐부수고 있습니다. 지금 수많은 가정이 맥없이 쓰러지고 있습니다. 앞으로도 계속 파탄을 맞은 가정들이 늘어날 것입니다. 그러므로 하루빨리 하나님의 경제 이론을 정립해서 가정들을 지켜야 합니다. 물론 그리스도인 가정만을 지키는 것이 아닙니다. 모든 가정을 이 경제학으로 지켜야 합니다. 그것이 기독교가 세상을 섬기는 모습입니다.

맘몬의 경제학은 그것을 따르는 모든 사람에게 해독을 끼쳐 왔습니다. 그의 목적은 가정과 회사와 국가를 돈으로 망하게 하는 것입니다. 그래서 모든 회사는 반드시 망합니다. 모든 정부는 경제에 묶여 옴짝달싹하지 못합니다. 인플레 공포와 금리 그리고 환율에 질질 끌려다닙니다. 모든 사람은 항상 돈으로 인해 헐떡거립니다. 마치 하나님께서 무능하신 것 같습니다.

그래서 모든 사람은 정부보다 돈을, 하나님보다 돈을 더 숭상하고 따르게 되었습니다. 맘몬에 속은 까닭입니다. 그리스도인 가정이 먼저 일어나야 합니다. 하나님 말씀에 순종해야 합니다. 하나님께서 말씀하시는 대로 돈을 사용해야 합니다. 그래야 국가 경제가 바르게 살아납니다. 앞으로는 어떤 정치가나 경제학자나 실업인이나 부자에게라도 경제 문제를 넘겨주지 맙시다. 부부의 일치, 특히 재정일치가 그 첫걸음입니다.

"너희는 먼저 그의 나라와 그의 의를 구하라 그리하면 이 모든 것을 너희에게 더하시리라"(마 6:33).

부록

01
자녀들에게 돈 교육 어떻게 하나?

02
교회의 헌금 관리

03
부동산 투자와 주식 투자
해도 되는가?

A교회의 회계 원칙
A교회의 재정 원칙

01.
자녀들에게 돈 교육 어떻게 하나?

★ 10세 미만의 자녀

10세 미만의 아이들에게는 일과 대가라는 개념을 가르쳐야 합니다. 아이들은 그동안 엄마 품에서 무조건적인 사랑만 받고 자랐기 때문에 '대가'라는 개념이 없습니다.

대가는 곧 노동입니다. 다른 사람, 즉 아빠나 엄마의 부탁을 듣고 수고했더니 대가가 생겼다는 개념을 가르쳐야 합니다. 대천덕 신부는 '노동은 기도다'라고 가르쳤습니다. 최일도 목사는 '노동 기도'에서 이렇게 노래했습니다.

노동이 기도가 되고 기도가 노동이 되는 삶은
나 혼자만의 안일과 편함을 추구하는 일이 아니기 때문입니다
무엇인가, 누군가를 위한 일이기 때문입니다
……
말로만 하는 것이 아닌 온몸의 헌신이 있고
그 헌신이 무슨 보답과 대가를 원하지 않을 때

더욱 노동 기도가 빛이 납니다

우리의 '노동관'은 왜곡되어 있습니다. 유교의 사농공상(士農工商)은 '사'가 되어야 성공한 인생을 의미했습니다. 노동하지 않는 것을 인생의 목표로 삼은 것입니다. 지금도 죽도록 공부해서 힘든 노동 대신 펜으로 사인만 하는 인생이 되기 위해 사력을 쏟습니다.

"넌 아무것도 하지 마. 공부만 해"라고 가르치는 것은 자식을 망하게 하고 나라를 망하게 하는 교육입니다. '무소유'를 가르치는 불교와 혼합되면 '비노동' 정신으로 귀결됩니다. 가난이 경건이거나 거룩이라고 생각하는 것도 이 때문입니다.

아이들에게 이 같은 철학을 가르치면 안 됩니다. 수고하고 땀나게 일해서 하나님께 많이 받아 훌륭하게 잘 써야 한다고 가르쳐야 합니다.

기독교는 '일하지 않으면 먹지도 말라'고 가르칩니다. 죽는 날까지 하나님께 받은 은사를 사용해서 남을 섬기다가 하늘 아버지께 가야 합니다. 이 땅에서 하나님 나라를 만들어 모든 사람이 유익을 누리도록 하는 것이 우리의 사명이고 책임입니다. 그러려면 '남을 위해서' 많은 일을 해야 합니다. 이것을 어린 시절부터 가르쳐야 합니다.

돈과 노동과 섬김을 가르치기 바랍니다.

용돈을 줄 때도 그냥 주지 말고, 무엇 무엇을 하면 얼마를 주겠다, 잘하면 더 주겠다, 하며 줘야 합니다. 그리고 그 무엇 무엇을 스스로 찾아서 할 수 있게 해주면 더 좋습니다. 하기 싫은 일을 돈 때문에 하는 것은 의미가 없기 때문입니다. 예컨대 "구두 닦으면 만 원 줄게"라는 식으로 돈을 주면 안 됩니다. 노예 근성만 키울 뿐입니다. 섬김의 마음 없이 돈만 욕심 내어 일하는 것은 옳지 않습니다.

스스로 일을 찾아서 하면 그 일의 필요성을 이해하게 되고 어떻게 하면 더 좋은 결과가 나올지 연구하게 됩니다. 예를 들어 "자기 전에 장난감 정리할게요", "빈 방에 불 켜져 있으면 끌게요", "신발을 정리할게요"처럼 스스로 일을 찾아서 하도록 격려해야 합니다.

그리고 용돈을 줄 때는 반드시 그 노동의 품질을 평가해야 합니다. 그러면서 왜 이 일을 해야 하는지, 어떻게 해야 하는지, 어디까지, 어느 수준으로 해야 하는지를 가르쳐야 합니다. 그런 다음 그 기준에 따라 평가해서 보완 또는 다시 하도록 해야 합니다. 요령을 피우거나 소홀히 했을 때는 그 이유를 물어야 합니다. 그리고 매를 들거나 꾸중을 해야 합니다.

그러나 일방적으로 명령하고 편협하게 평가하면 아이는 요령만 배우게 될 것입니다. 아이가 충분히 동의할 수 있도록 가르치고 그에 따른 상벌을 줘야 합니다.

또 이유 없이 웃돈을 주면 절대로 안 됩니다. 약속대로 주고, 줄이거나 늘일 때는 업무량을 줄이든지 늘리든지 해야 합니다. 평가를 해서 잘했으면 보너스를 주고 잘못했을 때는 깎는 훈련도 해야 합니다. 기준 없이 기분에 따라 용돈을 주면 아이를 망칩니다.

부모는 세상에 오염되어 있기 때문에 부지불식간에 자녀에게 더러운(?) 것을 전수할 수 있음을 잊지 말아야 합니다. 안 그래도 모든 인간은 죄성이 있습니다. 부모의 잘못된 태도와 가르침으로 아이가 요령이나 편법만 배우지 않도록 주의해야 합니다. 어렸을 때 나누는 법을 가르쳐야 합니다.

남을 배려하고 남보다 먼저 마음을 쓰는 것을 가르치기 바랍니다. 옛날 어른들은 뉘 집 아이가 되었든지 잘잘못을 가르쳤습니다. 예컨대 아이가 손에 과자나 먹을 것을 쥐고 있으면 어른들이 "나 그것 한 입만 다오" 합니다. 아이에게 나누는 법을 가르치기 위해서였습니다. 사실 그 아이는 형이나 동생한테도 뺏기기 싫어서 몰래 나와 혼자 과자를 먹고 있었던 거였지만 동네 어른이 달라는 요구에는 거절할 수가 없습니다. 그러면서 아이는 욕심을 버리는 훈련을 하게 됩니다.

이 아름다운 전통이 이어졌으면 좋겠습니다. 지금은 먹을 게 많아서 그럴 일도 별로 없지만 아이들이 점점 더 나눌 줄 모르고 버르장머리가 없어지고 있습니다. "너나 먹어라" 하지 말고 일부러라도 뺏어먹어야 합니다.

제가 세종로 지점장으로 있을 때 가장 큰돈을 예금한 압구정동 사모님이 있었습니다. 어느 날 그분과 이야기를 나누는데 그분이 학창 시절 도시락을 먹어 본 적이 없다고 했습니다. 그런데 그 이유가 감동적이었습니다.

아침 등교 시간이 되면 어머니가 도시락 18개를 싸서 딸 9명을 한 줄로 세운 다음 도시락 두 개씩을 주면서 "학교 가다가 첫 거지를 만나면 이 도시락 주고 또 두 번째 거지 만나면 그 다음 도시락을 주어라. 학교 가기까지 못 줬으면 도시락 안 가져온 친구에게 주어라" 했다는 겁니다. 당시는 한국전쟁 직후라 거리에 거지가 많았습니다. 학교에서도 도시락을 싸오지 못하는 학생들이 많았습니다. 그렇다 보니 도시락을 두 개나 싸 가져갔으면서도 한 번도 먹지 못할 수밖에요. 그러면서 그분이 이렇게 말했습니다. "딸 아홉 중에 제가 제일 가난해요. 아마도 그렇게 가르친 엄마 덕분에 우리가 모두 부자로 살 수 있는 것 같아요."

맞습니까? 그분은 불신자인데도 맞다고 생각하십니까? 그렇습니다. 하나님의 마음을 누가 가졌느냐에 따라 가진 것을 어떻게 하는가가 결정 나고 그것이 하나님 마음과 맞으면 '모든 소유를 그 사람에게 맡기십니다' (눅 12:42-44).

어렸을 때 이런 마음 밭을 만들어 놓지 않으면 어른이 돼서는 불가능합니다. 죄성 때문에 이미 여우들이 다 돼 버리기 때문입니다.

무엇이든지 먼저 할아버지, 할머니, 아빠, 엄마, 형부터 챙기고 나서 자기 것을 챙기도록 가르쳐야 합니다. 이해타산 하는 마음이 아직 발달하기 전에 가르쳐야 합니다.

★ 중·고교생이 된 자녀

중학생 시절은 자기 주장과 새로운 아이디어가 한창 발달하는 시기입니다. 그럴 때마다 칭찬을 하며 반드시 상을 주기 바랍니다. 목표보다 더 했거나 기대치보다 더 좋은 결과가 나와도 충분히 칭찬하고 보너스를 주십시오. 창의적인 노력의 대가를 알아야 할 때입니다. 초등학생처럼 시키는 일만 해서는 안 됩니다.

또 중학생 때는 사달라는 것도 많고 요구하는 것도 다양합니다. 이때는 두 개를 사달라고 하면 우선 하나를 사서 써 보고 더 필요하면 그때 사주는 방식으로 절제와 인내심을 가르쳐야 합니다. 중학생 때 너무 쉬운 길을 가르치면 안 됩니다. 자신과 싸워서 쟁취하는 것을 배워야 할 때입니다.

고등학생이 되면 결정권을 서서히 위임해야 합니다. 스스로 결정할 수 있는 결정력과 결단력 그리고 대응 능력을 키워야 합니다. 프로젝트를 제안해서 수행하게 하는 것도 좋은 아이디어입니다. 예컨대 20만 원을 줄 테니 집을 위해서 할 일을 네가 계획해서 해보라고 제안할 수 있습니다. 옷을 살 때는 어떤 점이 키 포인트인지, 옷 고르는 요령은 무엇인지, 흥정은 어떻게 하는지, 예산을 생각하면서 어떻게 의사결정을 하는지 등을 보여 주는 것도 필요합니다. 또 혼자서 옷을 사 보도록 하는 것도 좋습니다. 그렇지 않으면 모든 정보를 친구들로부터 얻게 되는데 친구들보다 어른들의 가치관이 훨씬 낫기 때문에 시간을 내야 합니다.

★ 대학생이 된 자녀

이때는 반드시 통장을 만들고, 신용카드도 하나 만들어 줘서 종합적인 경제 운용 능력을 키워야 합니다. 그들이 속한 세계는 매우 거친 세상의 변두리이기 때문에 아주 위험합니다. 이 시기에 경제 운용 능력을 훈련하지 않으면 취직해서 갑자기 큰돈이 들어왔을 때 규모 있게 쓸 수 없게 됩니다. 그러다가 돈맛을 알게 되면 도적질도 하고, 빚도 지고, 공금도 유용하는 유혹에 빠집니다. 예방주사를 맞지 않아서 생기는 현상들입니다.

신용카드 청구내역서나 통장을 펴놓고 지도해야 합니다. 왜 돈을 많이 쓰느냐 하지 말고, 왜 이런 식으로 돈을 쓰는지에 집중해야 합니다. 실제 사례를 가지고 지도해야 합니다. 이 지도를 놓치면 한없이 멀리 나갑니다. 손아귀를 벗어납니다.

대학생인 자녀를 망치려면 아주 간단합니다. 용돈 많이 주고 차 사주면 여지없습니다. 수천만, 수억씩 하는 최고급 차나 오토바이도 우습게 알고, 지출 규모도 그 수준으로 하려 듭니다. 그러면 나쁜 길로 빠질 수밖에 없습니다.

그러므로 대학생 때는 용돈 관리를 철저하게 해야 합니다. 모든 결정은 자기가 하지만 관리는 철저하게 해야 합니다. 용돈도 부족하다 싶게 줘야 돈 관리하는 요령을 익힐 수 있습니다. 용돈이 많으면 절대로 돈을 다룰 수 없습니다. 용돈과 싸우는 법을 몸으로 익혀야 합니다. 아르바이트도 용돈을 다루기 위해 하는 것이어야 합니다. 더 많이 쓰기 위해 해서는 안 됩니다.

02. 교회의 헌금 관리

★ 예산 세우기

교회는 예산을 꼭 세워야 합니다. 이때 수입 예산은 세우지 않고 지출 예산만 세웁니다. 지출 예산만 세울 때 주의할 점은 예산의 개방성입니다. 개방성이란 전년도 예산을 버리는 것입니다. 즉 참고하지 않는 것입니다. 전년도 예산을 완전히 쓰레기통에 집어넣고 백지 상태에서 새로 시작하는 것입니다. 예산의 절대 주권을 하나님께 드리며 빈손 들고 나아가는 것입니다. 그것이 성령님의 주도하심을 따르는 예산입니다.

그런데 보통 어떻게 합니까? '전년 대비 10% 증가' 혹은 '전년 수준 동결' 같은 용어를 사용하지요? 이건 교회의 예산이 아닙니다. 하나님을 믿는 사람들이 하나님께 여쭤 보지도 않고 먼저 가이드라인부터 정해 버리면 안 됩니다. 그것은 세상 사람들이 쓰는 방법입니다. 주인이 아닌 종들, 노예들이 일하는 방식입니다. 회사가 어떻게 되든 자기의 리스크는 최소한으로 하겠다는 악한 방식입니다.

교회 예산은 그렇게 하면 안 됩니다. 세상 예산 세우듯이 노예근성을 교회 안으로 끌고 들어오지 마십시오. 교회 예산은 백지 상태에서 처음부터 새로 시작하는 것입니다. 당연히 리스크가 매우 높죠. 성공한다는 보장도 없습니다. 그러니까 주님만을 의지해야 합니다. 작년을 잇는 금년이 아닙니다. 올해 했어도 내년에 안 할 수 있고, 올해 하지 않았어도 내년에 할 수도 있어야 합니다. 전혀 새로운 상태에서 내년을 그려 가야 하는 것입니다. 어떻습니까? 이렇게 하면 하나님께서 새해에 어떤 일을 보여 주실지 기대가 되지 않습니까? 과거에 매이면 성령님이 제한을 받습니다. 그러므로 예산을 세울 때는 백지 상태에서 세워야 합니다.

먼저 기도부터 합시다. 하나님께서 내년을 이끌어 가시도록 의탁하는 것입니다. 그리고 가르쳐 달라고 기도하십시오.

그런 다음 맨 먼저 내년도 재정 원칙을 정하고 구체적인 예산 수립에 들어갑니다. 재정 원칙은 'A교회의 재정 원칙'(p. 267)을 참고하기 바랍니다. 작년을 반성하는 것 따위는 하지 마십시오. 이것은 결국 작년 예산 집행 내용을 분석하자는 이야기인데 그렇게 가면 안 됩니다. 내일 일은 내일 걱정하십시오. 뒤도 돌아보지 마십시오. 분석하고 반성하고 비판하는 것은 세상 방법입니다. 작년의 문제에 붙잡히지 말고 앞으로, 앞으로 나아가십시오.

하나님은 항상 미래지향적이십니다. 하나님은 과거의 죄, 실수, 잘못은 아주 간명하게 처리하시지만, 다가오는 세상과 종말, 천국의 문제에는 온 힘을 쏟아부으며 급하게 달려가십니다.

★ 헌금에 대한 몇 가지 가이드라인

헌금의 경향을 파악하면 도움이 될 것입니다. 몇 가지 지수를 알려 드리겠습니다. 십일조를 드리는 신자 수는 얼마쯤 될 것 같습니까? 보통 교인 수의 20% 정도가 십일조를 합니다. 나머지 사람들은 십일조를 하지 않아도 여러 가지 형태로 헌금에 참여하고 있습니다. 또 외부에서도 얼마간의 헌금이 흘러 들어오지요. 교회도 '20/80원칙', 즉 20%의 가정이 교회를 책임지고 있다고 할 수 있습니다. 목회 차원에서 십일조 인원의 비율이 얼마나 되는 것이 이상적일까요? 다다익선이겠지만 100%는 있을 수 없습니다.

주일헌금보다는 감사헌금이 많도록 헌금 생활을 지도하는 것이 좋겠습니다. 그냥 내버려두면 주일헌금이 감사헌금보다 많아집니다. 그러면 성도들이 건강하지 않은 상태에 있다고 보아야 합니다. '감사헌금이 주일헌금보다 많아야 한다'는 기준을 가지고 있어야 합니다.

유치부, 초등부, 중·고등부는 헌금을 얼마나 할까요? 강남의 한 대형교회의 예입니다. 유치부는 한 사람당 1회에 평균 2,500원을 합니다. 초등부는 400원, 중·고등부는 900원 합니다. 이것은 무엇을 의미할까요? 미취학 아동일 때는 부모가 주는 대로 헌금을 드립니다. 2,500원이란 최저 1,000원에서 최고 5,000원을 한다는 뜻입니다. 헌금이 일체 새지 않습니다.

그런데 초등학생이 되면 부모가 준 헌금을 그대로 드리지 않기 시작합니다. 헌금 시간에 자기 호주머니를 뒤져서 동전을 드립니다. 그리고 부모가 준 돈으로는 PC방 가고 빵 사먹고 합니다. 아직까지 초등학생들은 부모가 대부분 헌금을 챙겨 줍니다. 그러므로 서울 강남에서 400원이 될 리가 없습니다.

그렇다면 이건 좀 심각한 일입니다. 합법적으로 관용되고 묵인된 도적을 기르고 있는 것입니다. 부모가 헌금하라고 준 돈을 아이가 아무런 가책 없이 잘라먹는 것은 심각합니다. 바늘 도둑을 키우는 셈이니까요.

따라서 현실적으로 아이에게 헌금을 줄 때 두 가지로 나눠서 주면 어떨까 합니다. 하나는 헌금하라 하고, 다른 하나는 과자 사 먹으라고 하는 것입니다. 이것이 현실적인 대안이라는 생각이 듭니다.

중·고등부도 마찬가지입니다. 믿음도 있고, 소신도 있어서 초등학생 때보다는 500원이 더 늘었습니다. 믿음이 발전하고 있습니다. 이제 부모는 아이와 터놓고 대화를 나눠 보십시오. 도둑 취급하며 몰아세우지 말고 "너 헌금 주면 그중에서 네가 얼마를 쓰니?"라고 단도직입적으로 물어보는 겁니다. 그런데 똑같은 질문이라도 "너, 헌금 하라고 준 돈 헌금으로 다 냈어, 안 냈어?"라고 물어선 안 됩니다. 이렇게 질문하면 아이는 "당근! 다 내죠!"라든가 다른 이유를 둘러대며 불가피하게 조금 썼다고 말합니다. 문제가 점점 더 복잡해지는 것입니다.

"나도 너만할 때 헌금 떼먹었는데 너는 어떠냐?" 이렇게 물어야 사실대로 이실직고할 것입니다. 이때 "그러면 앞으로 3,000원을 줄 테니 원래대로 2,000원은 헌금하고 1,000원은 네가 써라. 혹시 돈이 모자라면 말해. 더 줄게. 그러나 2,000원은 꼭 헌금해야 된다"고 말해 주십시오.

주일학교나 각 부서에서 선교비나 구제비를 지출하는 것에 대해서 어떻게 생각합니까? 예컨대 초등부에서 어느 특정한 선교사를 매월 돕고 있다면 바람직합니까, 아닙니까?

저는 부서의 헌금은 그 부서의 고유 목적에 맞게 사용해야 한다고 생각합니다. 주일학교에서 구제비나 선교비를 지출하려면 해당 부서에 신청하든가 아니면 사역을 일으켜야 한다고 봅니다. 대개는 사랑이 넘쳐서 하는 경우가 있고, 선교부에서 지원해 주지 않아서 그렇게 하는 경우가 있습니다. 그러나 전담 부서의 결정을 존중하는 것이 좋다고 봅니다. 정 도와야겠다면 부서 구성원의 합의가 있어야 한다고 봅니다.

예컨대 성가대에서 선교사를 돕겠다면 전체 회원이 동의해야 하고, 거기에는 두 가지 방법이 있습니다. 먼저는 성가대 예산을 아껴 써서 선교사를 도울 수 있고, 또 하나는 전원이 합의하여 개인이 얼마를 내서 성가대 이름으로 선교사를 도울 수 있습니다. 마찬가지로 초등부에서 선교사를 돕는다면, 전 교사의 합의가 이루어져야 하고, 헌금을 아껴 쓰고 선교사를 돕거나, 전원 합의를 바탕으로 교사들이 십시일반해서 초등부 이름으로 할 수 있습니다.

그러나 가장 좋은 방법은 사역을 일으키는 것입니다. 선교 주간에 선교사를 초청한 뒤 '선교사를 돕자'는 학생들의 합의를 이끌어 내는 것입니다. 그런 다음 학생들이 스스로 선교헌금을 해서 정기적으로 선교사를 돕는 것입니다. 그런데 이런 합의와 동의 없이 본 회계에서 타다 쓰는 교회학교 예산이나 성가대 예산으로 선교사를 돕는 것은 그리 권장할 만하지 않다고 봅니다. 돈은 항상 돈의 목적, 그 돈을 사용하는 동기가 중요합니다. 하나님은 그 '동기=중심'을 보시거든요.

아무리 작은 교회라도 반드시 재정부를 두어야 합니다. 목사님이나 사모님이 재정을 관리하면 반드시 문제가 생기기 때문입니다. 돈이란 놈이, 맘몬이란 놈이 가만두지를 않습니다. 일찌감치 투명한 재정 관리가 뿌리를 내리도록 해야 합니다. 그렇지 않으면 어느 날 재정을 넘겨주려는데 얽히고설킨 것들이 있어서 이것을 다 정리한 다음에 넘겨야겠다 하다가 탈법, 불법, 무리수를 두게 되고, 그러다가 치부가 드러나서 창피를 당하게 됩니다.

교회의 모든 문제의 발단은 돈과 성입니다. 사탄이 호시탐탐 1초도 쉬지 않고 노리고 있습니다. 그런 위험한 일을 왜 하십니까?

★ 저축에 대해서

목사가 저축을 한다면 일단 '삯꾼'이라고 몰아붙이는 사람들이 많습니다. 이건 틀린 생각입니다. 유교적 혼합주의의 잔재입니다. 양반은 냉수 마시고도 헛기침하며 이 쑤셔야 한다는 식 아닌가요?

돈은 하나님 것입니다. 하나님은 각 사람에게 일정량을 맡겨서 관리하게 하십니다. 두 달란트, 다섯 달란트 받은 사람이 왜 칭찬을 받았습니까? 자기가 맡은 돈을 자기 은사대로 열심히 100% 잘 관리했기 때문입니다. 한 달란트 받은 사람이 꾸중을 들은 것도 왜 맡긴 돈이나 잘 관리하지 딴 짓 했느냐, 아니었습니까?

그러므로 돈에 대한 관리와 책임은 어느 누구도, 심지어는 불신자도 자유로울 수 없습니다. 목사 역시 자기에게 분복으로 맡겨 주신 돈을 제대로 잘 관리해야 합니다. 그중의 한 방법이 저축인 거지요.

그런데 한국의 목사들은 퇴직 후 대책이 마련되어 있지 않습니다. 한두 군데 교단은 그렇지 않지만 대부분은 그렇지 못합니다. 설령 그런 장치가 있다손 치더라도 목사의 저축은 죄가 아닙니다.

하나님의 종이 은퇴 후에 대책 없이 초라해지는 것도 온당하지 못하지만, 그렇다고 팔 걷어붙이고 생업 현장에 뛰어드는 것도 온당한 모습이 아닙니다. 교회도 무대책, 본인도 무대책, 어쩌려고요? 따라서 노후 대책이 없는 상황에서 목사가 저축하는 것은 매우 바람직한 일입니다.

예를 들어 부모가 은퇴한 후에 경제 대책 없이 산다고 칩시다. 그러다가 큰 병이라도 얻으면, 이것이 다 누구의 짐입니까? 자식들의 짐입니다. 그런데 부모가 평생 저축하고 퇴직연금 붓고 해서 안온하게 산다면, 이것은 누구의 이득입니까? 자식들의 이득입니다. 마찬가지로 목사가 은퇴 대책을 확실하게 준비했다면, 이건 교회의 이득입니다. 목사가 은퇴 대책이 없으면 곧 교회의 짐이 됩니다. 심지어 교회가 휘청거립니다.

그래서 제안 하나를 합니다. 목사의 연금을 1:1로 부읍시다. 목사와 교회가 합의하여 월 연금액을 결정하는데, 예컨대 10만 원이라면 목사가 5만 원, 교회가 5만 원, 이런 식으로 하자는 거죠. 아무리 어려워도 이것부터 해야 합니다. 목사가 다른 교회로 이임할 때도 이것은 승계되어 그 교회 형편에 맞게 다시 금액을 조정하여 퇴직 때까지 부어 가는 겁니다. 통장은 당연히 목사 명의로 해야겠지요.

"게으른 자여 개미에게 가서 그가 하는 것을 보고 지혜를 얻으라 개미는 두령도 없고 감독자도 없고 통치자도 없으되 먹을 것을 여름 동안에 예비하며 추수 때에 양식을 모으느니라 게으른 자여 네가 어느 때까지 누워 있겠느냐 네가 어느 때에 잠이 깨어 일어나겠느냐 좀더 자자, 좀더 졸자, 손을 모으고 좀더 누워 있자 하면 네 빈궁이 강도같이 오며 네 곤핍이 군사같이 이르리라"(잠 6:6-11).

"지혜 있는 자의 집에는 귀한 보배와 기름이 있으나 미련한 자는 이것을 다 삼켜 버리느니라"(잠 21:20).

이 경우 주의사항이 있습니다. 우리가 이미 뜨끔하게 살펴본 말씀입니다.

"자기를 위하여 재물을 쌓아 두고 하나님께 대하여 부요하지 못한 자가 이와 같으니라"(눅 12:21).

목사는 집이 없어야 합니까? 목사는 자녀교육 시키면 안 됩니까? 목사는 취미생활 하면 죄입니까? 성도들보다 더 유복하고, 세상이 기대하는 선을 넘는 호화로운 생활은 덕이 안 되기 때문에 자중해야 맞습니다. 틀려서 안 하는 것이 아니고 성도들이나 세상 사람들을 넘어지게 할까 봐, 화나게 할까 봐서 그렇게 해서는 안 되는 것입니다. 하지만 목사가 그렇게 산다 해도 잘못된 것은 아닙니다.

목사도 필요를 위해서 저축하는 것은 당연합니다. 아무 대책 없이 '믿음'을 핑계 대며 무작정 쓰고 보자 하면서 미래를 준비하지 않는 것은 온당하지 않습니다. 거룩도 아니고 경건도 아닙니다. '무소유주의자'인 척 경건을 가장하는 것은 일종의 기만행위입니다. 가난을 그렇게 가장하면

244

안 됩니다. 그것은 악이 될 수 있습니다.

한편 교회도 저축해야 합니다. 과거에는 우리나라가 워낙 못살아서 언제든 어디서든 돈이 모자랐으니까, 교회가 무슨 일을 하려고만 하면 작정해서 일을 추진했습니다. 하지만 이제 시대가 달라졌습니다. 이제 작정 방식을 동원하지 않고도 얼마든지 일할 수 있습니다. 더구나 성도들은 과거처럼 충성도(로열티)가 높지 않습니다.

특히 '건축' 하면 '작정'이 직결되는 것이 상식처럼 되어 있는데 성도들의 저변 인심은 그렇지 않다는 것을 알아야 합니다. 그래서 교회 건축하면 '시험 들었다'는 사람이 많이 발생하고 교회를 떠나는 사람도 생기게 되는 것입니다.

'작정헌금'은 성경 어디서도 발견할 수 없습니다. 저축은 자주 이야기하고 있죠. 무엇보다 '작정헌금'이 위험한 것은 하나님을 채권자로, 성도들을 하나님의 채무자로 만들기 때문입니다. 하나님은 어떤 일이 있어도 빚을 지지 말라 하셨고, 빚을 지면 나의 영혼이 채주의 것이 된다고 누누이 강조하셨습니다.

그러므로 교회는 중장기 계획을 세워서 미리미리 저축을 해야 합니다. 돈이 어디 있어서 저축을 하느냐고 반문하는 분도 있습니다. 돈이 없는 이유는 백화점식 목회를 하기 때문입니다. 모든 일이 다 중요하죠. 교회로서 중요하지 않은 일이 어딨습니까? 그래서 우선 급한 데부터 불을 끄다 보면 남는 게 없어서 저축을 못한다고 푸념합니다.

그래서 우선순위가 중요합니다. 매년 초에 '재정 원칙'을 정한 다음 그 원칙에 따라, 즉 우선순위에 따라 지출을 하는 것입니다. 사역에 대한 상세 계획을 세우고 그것을 이루기 위한 재정 계획을 세울 때 저축 계획을 함께 세워 그대로 집행하면 됩니다. 이 계획에 들지 않은 일은 아무리 중요해도 안 하는 것입니다.

교회가 해야 할 일이 참 많습니다. 좋은 일, 중요한 일, 꼭 해야 할 일… 그런데 계획적인 저축이 되지 않아서 일을 포기합니다. 주먹구구로 목회를 하기 때문입니다.

그러므로 연초에 예산을 세울 때 반드시 '사역 중심'으로 짜야 합니다. 예산 당회나 공동의회는 먼저 사역 예산을 짜고, 그런 다음 비용 예산을 세워 저축 계획을 세워야 합니다. 예컨대 시골 교회 방문, 구휼기관 방문 및 후원, 교회 건축, 목사님 박사학위 공부, A교회 건축 후원 등 사역을 먼저 짠 뒤에 그에 맞게 예산을 세우고 저축을 하는 것입니다.

★ 교회의 부채에 대하여

성경은 빚에 대하여 금지하지는 않습니다. 다만 부정적이지요. 교회가 빚을 질 수도 있습니다. 그러나 빚을 이용해서 어떤 유익을 얻는 동기로 해서는 안 됩니다.

가장 대표적인 것이 교회 건축입니다. 빚을 지고라도 건축해야 합니까? 여기에는 두 가지 빚을 지죠. 교인들이 하나님께 빚을 지고, 교회는 은행에 빚을 지고…. 요즘은 은행에서 대출을 쉽게 잘해 줘서 더 위험해졌습니다.

요즘 교회는 세상 가치관과 똑같아서 이왕이면 빚을 크게 져서 큰 건물 짓자고 합니다. 빚은 성도들을 많이 끌어와서 해결하면 된다는 식이죠.

246

이른바 '대박주의' 입니다. 이런 동기로 하는 것은 절대 옳지 않습니다.

하나님은 사업가가 아닙니다. 사업가를 기르지도 않습니다. 세상 사람들은 '은행 빚을 잘 이용해서' 더 많이 돈을 벌려고 합니다. 그래서 기업들이 이자불문, 금액불문, 조건불문 하고 은행 빚을 지려고 백방으로 노력합니다. 그 결과 1997년에 IMF가 오지 않았습니까? 나라가 부도난 것입니다. 재벌들이 은행 빚을 얻어다 엉뚱한 곳에 투자해서 돈을 떼이니까 결국 은행이 망하게 되고 은행이 망하니까 나라가 망하게 된 것입니다. 그렇게 빚 좋아하다가 나라를 팔아먹을 뻔했습니다.

교회가 빚을 지면 무슨 일이 벌어집니까? 교회 헌금을 모으는 목적이 달라집니다. 빚을 상환하기 위한 목적으로 바뀌는 것입니다. 구제, 선교, 양육에 힘을 모으던 교회가 교회 건축 후 우선순위가 바뀌어서 돈만 보면 은행에다 갖다 줍니다. 교회가 은행 지점이 된 것입니다. 어떤 교회는 이자 내느라 목사 사례도 못 줍니다. 또 어떤 교회는 구제니 양육이니 모든 사역 동결하고 우선 이자부터 갚느라 쩔쩔맵니다. 그나마도 안 되면 교회를 매물로 내놓습니다.

돈이 어디로 흘러가다가 건축 후에는 어디로 흘러가는지 잘 생각해 보기 바랍니다. 그러므로 저축하여 건축하는 방식을 권장합니다. 너무 서두르니까 우선 빚을 지고 보자 하는 것입니다. 하나님이 주신 만큼만 가지고 하세요. 왜 거기다 욕심이라는 덤을 얹어서 하려고 합니까?

건축은 수십억, 수백억 필요한데 한 달에 10만 원, 20만 원씩 해가지고 언제 건축하느냐고요? 글쎄 하나님께서 주신 범위 내에서 하면 된다니까요. 인간적인 조급함으로 하나님보다 앞서가면 안 됩니다. 또 10만 원씩

이라도 순종하고 있으면 하나님이 그런 사람에게 돈을 맡기신다 하지 않았습니까? 합리적인 계산은 하나님 방법이 아닙니다.

건축하기 위해 저축한 사례를 소개하겠습니다.

"또 내 아들 솔로몬에게 정성된 마음을 주사 주의 계명과 권면과 율례를 지켜 이 모든 일을 행하게 하시고 내가 위하여 준비한 것으로 성전을 건축하게 하옵소서"(대상 29:19).

말이 났으니 말인데, 솔로몬이 성전을 지을 때 하나님께서 기뻐하셨을까요? 교회 건축을 할 때마다 감초처럼 등장하는 예화가 솔로몬은 성전을 건축해도 다윗은 짓지 못했다, 교회 건축은 아무나 하는 것이 아니다, 그러므로 교회 건축을 하는 것 자체가 엄청 복 받은 일이다, 하는데 과연 이 설교 맞나요?

다음 말씀을 참고하기 바랍니다.

1) 사무엘하 7:1-17
2) 열왕기상 6:11-13
3) 열왕기상 9:1-9

하나님은 성전 지어 달라고 하신 적도 없고, 오히려 성전 짓겠다니까 말리셨습니다. 성전 지어 줘서 고맙다든지, 상급을 주시겠다든지 일언반구도 없습니다. 자세히 보십시오. 다 지었으니까 받긴 하겠지만 나는 이

248

건물에는 관심이 없고 너희들이 나의 말을 믿고 따를 것인가, 아닌가에만 관심이 있다고 하셨습니다.

사무엘하 7장 13절에서 '집을 건축한다'를 성전을 건축하는 것으로 달려 가 버리는 바람에 교회 건축을 하나님께서 원하시고 복을 많이 주신다는 약속으로만 생각하는 겁니다. 이현령비현령(耳懸鈴鼻懸鈴)의 말씀이 된 것입니다.

> "네 수한이 차서 네 조상들과 함께 누울 때에 내가 네 몸에서 날 네 씨를 네 뒤에 세워 그의 나라를 견고하게 하리라 그는 내 이름을 위하여 집을 건축할 것이요 나는 그의 나라 왕위를 영원히 견고하게 하리라"(삼하 7:12-13).

여기서 '날 네 씨'는 '(이미) 낳은 자식(솔로몬)'을 지칭하지 않고 '앞으로 이어갈 다윗 계보의 후손'을 말합니다. 즉, 누가복음 1장 32~33절의 '아들'인 예수 그리스도를 지칭하지요.

'집을 건축한다'는 것은 솔로몬이 성전을 지어 줄 사람이라는 말씀이 아니고 '하나님 나라 건설'을 말하는 것이고, 그곳에서 다윗의 가문이 영원토록 왕 노릇할 것이라는 말씀입니다. 결국 솔로몬이 지어 드린 성전과 봉헌예배를 받으셨지만 거기서도 하나님은 성전 지어 줘서 고맙다는 말씀은 한마디도 안 하시고 "네가 나의 말을 들으면 너희 기도를 듣겠다"고만 반복하십니다.

"네가 지금 이 성전을 건축하니 네가 만일 내 법도를 따르며 내 율례를 행하며 내 모든 계명을 지켜 그대로 행하면 내가 네 아버지 다윗에게 한 말을 네게 확실히 이룰 것이요"(왕상 6:12).

"네가 만일 네 아버지 다윗이 행함 같이 마음을 온전히 하고 바르게 하여 내 앞에서 행하며 내가 네게 명령한 대로 온갖 일에 순종하여 내 법도와 율례를 지키면 내가 네 아버지 다윗에게 말하기를 이스라엘의 왕위에 오를 사람이 네게서 끊어지지 아니하리라 한 대로 네 이스라엘의 왕위를 영원히 견고하게 하려니와"(왕상 9:4-5).

교회가 빚이 많아서 헌금이 제 길로 가지 않고 다른 길로 가기 시작하면 교회 안에는 '교회 같은 일'에서 '세상 같은 일'이 일어나기 시작합니다. 돈이 옛 주인인 맘몬의 논리로 가면 자연히 그 돈이 가는 곳에는 맘몬의 모습이 나타나게 마련입니다. 교회의 권위와 능력은 점점 교착되고 엉뚱한 일에 쏠리게 됩니다. 그러므로 빚을 지는 일은 매우 조심해야 합니다.

또 이런 빚의 문제, 큰돈의 문제는 교회 안에서 투명해야 합니다. 왜냐하면 빛 가운데는 성령님이 계시고 어둠 가운데는 사탄이 있기 때문입니다. 전 교인에게 명명백백하게 설명하고 동의를 구해야 합니다. 그것이 '빛 가운데서 하는 결정'입니다.

돈 문제를 밝히면 복잡해지니까 중요한 몇 사람만 알자며 쉬쉬하면 아주 위험해집니다. 거기에 성도는 없어도 하나님께서 계십니다. 전모를 완전히 알고 계십니다. 그래서 어둠이 들어오면 하나님이 여지없이 깨뜨려 버리십니다. 사탄을 따라가다가 수렁에 빠지는 것을 '돈 문제'라고 하지만, 하나님이 위험하니까 폭로시키는 것도 '돈 문제'입니다. 둘 다 얽히고설켜서 복잡한 사건이 됩니다.

예를 들어, 대학생 아들의 등록금이 없어서 목사가 재정 담당 장로를 찾아가 해결해 달라면서 "둘만 알자. 알려지면 시끄러우니까" 한다면 정말로 나중에 복잡한 문제가 됩니다. 제직회와 당회에서 "제 아이 등록금이 없습니다. 교회에서 좀 도와주셨으면 합니다" 하고 사실대로 말씀하십시오. 이것이 바른 방법입니다.

한편 목사가 만일 돈 문제에 걸려 넘어진 일이 있다면, 가장 먼저 사모에게 이실직고하고, 그 다음에는 교회에 정직하게 밝혀야 합니다. 혼자 어떻게 해보려고 하면 큰일로 번집니다. 차라리 솔직하게 털어놓아야 아무도 다치지 않고 똑바르게 해결됩니다. 별것 아닌 사안인데도 정직하지 않고 투명하지 않아서 진퇴 문제까지 가는 예가 많습니다. 절대 숨기거나 속이거나 하지 마십시오. 일파만파 일이 커져서 신문에도 나오고 감옥에도 갈 수 있습니다.

★ 목사의 사례비

목사의 사례비를 정직하게 표기하지 않아서 비난을 받고 있습니다. 왜 그러죠? 왜 이 항목, 저 항목에다 숨겨 놓고 몰래 꺼내 쓰는 겁니까? 이거 교회 맞습니까? 이런 사례비 받는 목사는 목사가 맞습니까?

회계 원칙에 '간단명료성의 원칙'이라는 게 있습니다. 과목의 명칭이 쉽게 이해할 수 있고 또 그 내용을 잘 알아볼 수 있도록 해야 한다는 것입니다. 그런데 목사의 사례를 한 항목으로 처리하지 않고 활동비, 도서비, 접대비, 전도비, 양육비 등으로 분산해 놓는다면 이 자료를 보는 사람을 속이는 것과 같습니다.

목사 사례 혹은 성역비와 같이 하나의 항목으로 처리해서 모든 사람이 한눈에 알아보도록 해야 교회답지 않겠습니까? 숨기고, 감추고, 거짓말하는 모든 것은 세상에서 배운 못돼 먹은 버릇입니다. 이러니까 세상 사람들이 교회를, 그리스도인을, 목사를 비난하는 것입니다. 이제 더 이상 맘몬의 방식을 따라가지 마십시오.

사례비가 많은 경우에 이런 방법을 쓰는데 성경은 교계하거나 상계하지 말라고 했기 때문에 급여를 조금 받는 것은 답이 아닙니다. 정당하게 다 받고 그것을 어떻게 쓰는지 공개하는 것이 방법이라고 생각합니다. 마치 민주적인 교회는 적은 사례여야 경건의 모습인 것처럼 강요하는 것은 온당하지 않습니다. 교회의 힘에 맞게 정당한 대우를 하십시오. 그러나 앞에서도 언급했듯이 월급이라고 전액을 자기를 위해서 쓰라고 주지 않습니다. 존 웨슬리 목사는 23%를 자기가 쓰고 나머지는 남을 주었습니다. 이것이 정답입니다. 정당하게 받고 정당하게 쓰십시오. 정당하지 않게 하려니까 숨기는 것 아닌가요? 목사는 공인이기 때문에 이런 자료를 잘 남겨야 합니다.

★ 회계 자료 관리

숫자와 돈을 다루는 부서는 치밀해야 하고 보수적이어야 합니다. 그리고 무엇보다 훌륭한 신앙인이어야 합니다. 교회의 재정 서류는 꼼꼼해야 하고 정확해야 하며 잘 정비되어 있어야 합니다. 아직까지 그렇지 못한 교회가 많은데, 이제부터 잘 정비하기 바랍니다. 국세청이나 구청에서 '한 번 보자' 할 날이 멀지 않았습니다. 세상 사람들에게 웃음거리가 되면 안 됩니다. 세상 사람들이 와서 보고는 '과연 교회답다'고 할 수 있어야 합니다. 기독교는 '빛'의 종교인데 '복마전 같다'는 평판을 듣는 것은 견디기 어려운 수모입니다. 이제는 파일로 보관할 수도 있고, 또 사진으로 보관할 수 있어서 그리 어려운 일이 아닐 것입니다.

자신이 없고 구린 데가 있는 사람들은 "숫자가 너무 자세하면 안 돼. 그러니까 적당히 해 둬" 그럽니다. 재정 보고도 어물쩍, 내용 설명도 대충, 질문하면 '은혜 떨어진다'며 핀잔하는 교회가 되지 마십시오.

가능하면 자세히 알리고, 어려움이 있거나 문제가 생기면 사실대로 밝혀야 합니다. 그래야 철야하는 사람도 나오고, 목숨을 건 헌신자도 나오고, 전 재산을 드리겠다는 의탁도 자라게 되는 것입니다. 어물쩍 넘어가서 겉으로만 평온하면 안전한 겁니까? 절대 그렇게 안 됩니다. 하나님께서 하나부터 열까지 소상하게 다 알고 계시기 때문이죠. 썩은 것은 반드시 뽑으십시오.

★ 교회 외부 사용 비율 공개

한때 '우리 교회는 밖으로 몇 % 쓴다'가 유행이 됐습니다. 그리고 그것은 그 교회가 얼마나 좋은 교회인지를 가늠하는 기준이 되기도 했습니다. 오늘날도 이런 경향이 남아 있습니다. 많은 교회들이 이것을 최대화해 보려고 애를 썼습니다. 좋은 일이죠.

그런데 이런 것을 공표하는 것에 대해 어떻게 생각합니까? 세상은 교회가 구제에 인색하다고 비판합니다. 하지만 사실 모든 종교기관 중에서 기독교가 구제를 가장 많이 합니다. 좀 억울한 면도 없지 않습니다. 하지만 우리는 세상 사람들을 바라보는 것도 아니고, 세상 사람들의 기준에 따라 목표가 조정되는 것도 아니므로 이 문제는 하나님의 시각으로 바라봐야 합니다. 저희 교회는 이것을 발표하지 않기로 재정 원칙에 밝혀 두었습니다. 정치적 제스처 같기 때문입니다.

과연 대외지출 비율이 높을수록 좋은 교회입니까? 헌금은 가급적 밖으로 쓰도록 된 돈입니까? 근본적인 질문을 던져 보면 답이 보입니다. 교회답게 쓰기 바랍니다. 주님 돈답게 쓰기 바랍니다. 주님의 평가만이 우리의 유일한 기준입니다.

03.
부동산 투자와 주식 투자 해도 되는가?

그리스도인은 부동산 투자나 주식 투자할 수 있습니까, 없습니까? 해도 됩니까, 안 됩니까? 보통 교회에서 목회자들이 어떻게 가르치죠? "절대 하지 마라"고 가르칩니다. 자기 양 떼들이 혹시나 잘못될까 봐서 아비의 심정으로 하신 말이지 정답은 아닙니다. 그러면 은행은 합법이고 증권회사는 불법이 되고 맙니다. 부동산 투자를 막으면 누가 부동산 주인이 됩니까? 다 사탄이 주인이 되고 그들 법으로 진창을 만들어 버립니다.

은행 말이 났으니 따져 봅시다. 은행은 부익부 빈익빈 원리로 경영합니다. 아주 악한 원리잖습니까? 대개 은행은 아주 정직하고 재산 관리를 해 주니까 유익하며 가장 믿을 만하다고 생각하지 않습니까? 그러나 그렇지 않습니다. 은행을 멀리하자는 게 아니라 은행을 정확하게 알고 그런 악법에 이용당하지 말자는 얘기입니다. 이번 기회에 우리가 어떤 동기와 목적으로 은행을 이용하는지 살펴보고 각자의 은행 거래 행태를 점검해 보기 바랍니다.

예를 들어 봅시다. 어떤 부자가 5억 원의 예금을 하러 왔고 또 어떤 사람은 1,000원을 예금하러 왔다고 합시다. 두 사람에게 똑같은 금리를 줄까요? 아닙니다. 큰돈은 높은 금리로 주고 적은 금액은 낮은 금리로 줍니다. 심지어 소액예금은 이자는커녕 관리 비용을 받습니다. 부자는 더 이득을 보고 가난한 사람은 더 가난해집니다.

대출도 그렇습니다. 부자가 아주 좋은 아파트를 담보로 가져왔고, 가난한 사람은 오막살이 집을 담보로 가져왔습니다. 대출금리가 다 같을까요? 아닙니다. 부자가 가져온 것은 좋은 담보물이기 때문에 대출금리가 쌉니다. 그런데 나쁜 담보를 가져온 가난한 사람에게는 더 비싼 금리를 요구합니다. 재산이 많은 사람이 담보를 가져오면 금리가 싸지만 담보가 없는 사람이 담보 없이 신용대출 해달라면 금리가 1.5배에서 2배나 비쌉니다. 부자는 점점 더 이득을 많이 보고, 가난한 사람은 점점 더 어려워지게 되어 있습니다. 부자인 재벌들은 담보도 받지 않고 가장 낮은 금리를 적용해서 언제든지 자금을 무제한 제공하지만, 중소기업은 담보를 조건으로 하거나 금리가 비싸거나 아예 대출을 안 해줍니다. 자, 돈의 생리를 이해했나요?

그런데 방글라데시의 그라민뱅크는 그와 반대되는 운영을 해서 노벨평화상을 받았습니다. 그들은 부자에게 '당신은 부자니까 예금금리를 조금만 받아라. 대신 대출은 부자니까 비싼 금리를 내놔라'는 원리를 적용했습니다. 영세민들에게는 시중 금리의 1/2로 대출을 해줍니다. 언제나 불리한 위치에 있던 극빈자에게 기회를 준 것입니다. 우리나라에도 이런 취지로 만든 은행이 여럿 생겼습니다.

투자 이야기하다가 곁길로 빠졌는데요. 은행은 정직하고 믿을 만하다고만 하지 말고 증권 거래, 부동산 거래, 그 밖의 시장 거래에서 부익부 빈익빈의 논리가 아닌, 빈부의 공평한 기회 창출로 질서를 바꾸어 가는 우리가 되어야겠습니다.

자, 투자를 할 때는 어떻게 해야 할까요? 하나님 뜻대로 하면 되죠. 하나님의 뜻은 어떻게 알 수 있을까요? 기도해 보면 알 수 있죠. 성령님이 지시하시는 말씀을 알아들으면 되죠. 하지만 이렇게 말하면 알아듣지 못하는 분이 많기 때문에 알아듣기 쉽게 정리해 봅시다.

하나님은 맨 먼저 투자의 동기를 점검하십니다. 하나님의 뜻에 맞는지 아닌지, 자기 욕심을 채우기 위한 것인지, 세상과의 재산 경쟁에서 이길 심산으로 하는 것인지. 그러므로 맨 먼저 왜 부동산 투자를 해야 하는지, 주식 투자를 해야 하는지에 대한 동기를 바로 하십시오. 동기가 결정되면 방법을 점검 받으십시오. 말씀으로 살펴봅시다. 돈이 어떻게 우리 손에 들어온다고 했죠? 마태복음 6장 33절 말씀입니다.

"너희는 먼저 그의 나라와 그의 의를 구하라 그리하면(그러고만 있으면) 이 모든 것(돈, 소유)을 너희에게 더하시리라(넘치게 하겠다)."

돈은 이 길로만 우리에게 들어옵니다. 다른 길로도 들어올 수 있는데 맘몬이 공급하는 것으로 겉은 달콤한 당의정 같지만 속은 독약이 든 돈이지요. 우리가 분별 없이 쌓아 두기만 하는 길을 따르다가 죄의 길로 잡혀가는 것은 그런 돈 때문입니다. 모든 범죄는 돈과 관련되어 있습니다. 쉽게, 많이 돈 버는 신기루 같은 길을 좇은 결과지요.

그런데 '그의 나라를 구한다'는 게 무슨 뜻입니까? 자기 안에 하나님이신 성령님이 계시기 때문에 내가 있는 곳이 곧 하나님의 나라라고 인정하는 것을 말합니다. 그 다음에는요? '그의 의를 구하라' 하셨죠! 자기가 하나님 나라라고 알았다면 생각하는 것이나 행동하는 것이나 추구하는 것이 달라질 수밖에 없죠. 하나님의 '의', 즉 하나님의 방법을 따라서 하려고 노력하지 않겠습니까? 가정에서, 직장에서, 모임에서, 혹은 길가나 지하철 안에서 하나님의 향기가 퍼져 가게 되어 있습니다. 우리는 이 일을 더욱 효과적으로 하기 위해서 돈이 필요하고 또 하나님께서는 우리가 그 일을 하기에 부족함이 없도록 돈을 공급해 주십니다!

그러면 그 돈이 가만히 있으면 쏟아져 나올까요? 아닙니다. 일(노동)을 해야 들어옵니다. 그러면 어떤 식으로 해야 돈이 들어올까요?

예수님은 이 점이 가장 중요하기 때문에 명확하게 가르치시고 OJT(on the job training, 실습 훈련)까지 하셨습니다. 말씀을 볼까요?

"예수께서 그의 열두 제자를 부르사 더러운 귀신을 쫓아내며 모든 병과 모든 약한 것을 고치는 권능을 주시니라"(마 10:1).

"보라 내가 너희를 보냄이 양을 이리 가운데로 보냄과 같도다 그러므로 너희는 뱀 같이 지혜롭고 비둘기 같이 순결하라"(마 10:16).

예수님은 제자들을 세상으로 보내셨습니다. 제자들을 세상으로 보내실 때, 이리에게 맥없이 잡아먹히지 않도록 귀신을 쫓아내는 권세, 병을 고치는 능력, 모든 악한 것을 고치는 권능을 주셨습니다. 그러면서 세상에 들어가서 권세 있는 자답게 당당하게 행동하라고, 세상과 결탁하거나, 타협하거나, 그들에게 저자세를 취하지 말라고 하셨습니다. 그런 다음 결론을 말씀하셨습니다.

"내가 너희를 세상에 보내는 것은 양 한 마리가 이리 떼에 둘러싸이는 것과 똑같다. 너희는 그런 상황 가운데 들어가는 것이다. 거기서 이기려면 첫째 뱀같이 지혜롭고, 둘째 비둘기처럼 순결해야 한다."

예수님이 제시한 두 가지 원칙, 즉 '뱀같이 지혜로울 것, 비둘기같이 순결할 것'이 바로 세상에서 승리하는 법칙입니다. 특히 이것이 경제생활의 요령이고 비밀입니다.

'뱀같이 지혜롭다'는 것은 무슨 뜻일까요? 뱀은 세상 성공을 달관한 자의 상징입니다. 뱀과 같은 방법으로 하면 세상에서는 틀림없이 성공하게 되어 있습니다. 죄의 방법이죠. 그런데 세상은 '이미 천국'이지만 '아직 천국'이어서 사탄의 성공 법칙이 주도하고 있고 사탄의 관행대로 움직입니다. 그러므로 우리가 세상에 들어가면 세상에서 성공하는 법을 통달해야 합니다. 기도하고 성경 읽고 철야하고 금식하면 다 된다고요? 안 됩니다. 세상 법으로 들어가 실제로 일하며 싸워야 합니다. 그렇게 하고 있어야 하나님의 역사가 시작됩니다. 주님이 지금 뱀처럼 지혜롭게 그 길로 가라고 하셨지 절대로 뱀의 길로 가지 말라고 하지 않으셨습니다.

우리가 북파 공작원으로 갔다고 합시다. 주어진 지령을 성공하려면 먼저 무엇부터 해야 합니까? 북한식 억양의 말을 할 줄 알아야 합니다. 그렇다고 빨갱이가 된 것입니까? 아닙니다. 그는 국가와 민족의 대계를 위해서 북한 말을 익힌 것입니다. 또한 북한에서 그들처럼 똑같이 사는 법을 정확하게 익혀야 합니다. 그렇지 않으면 당장 죽임을 당합니다. 뱀처럼 지혜롭다는 것은 이런 뜻입니다.

주식 시장이나 부동산 시장에서 '묻지마 투자'라는 게 있습니다. 이런 투자는 절대 하면 안 됩니다. 부동산으로 성공하는 법에 대해서 입산수도 하듯 철두철미하게 공부해야 합니다. 투철한 경험을 쌓아야 합니다. 주식으로 성공하는 길이 무엇인지 불철주야로 공부해야 합니다. 기도 세게 했으니까 틀림없이 성공할 주식을 '요행히' 사게 될 거라고요? 믿음을 무당 푸닥거리 하듯이 하면 안 됩니다. 망할 회사도 내가 그 회사 주식 사면 회생할거라고요? 물론 하나님께서는 그렇게 하실 수도 있습니다. 그런데 그걸 바라는 것은 '하나님을 시험하는 것'이 됩니다. 식당을 하든지, 창고업을 하든지, 특용작물을 하든지, 사업을 하든지 모두 같습니다.

성공의 길에 대해 달관했다면 그 다음은 어떻게 해야 합니까? 둘째 원칙인 '비둘기처럼 순결'해야 합니다. 그렇습니다. 뱀의 길이 답이 아닙니다. 성공의 길을 알았으면 세상 사람과 달라야 한다, 뱀과는 달라야 한다, 비둘기처럼 순결해야 한다 하셨습니다. 목적과 수단이 달라야 하는 것입니다. 이것 없이 돈만 모을 욕심으로 철야하고 소나무 뽑고 금식하니까 이상한 응답을 받지요. 하도 간절하니까 어둠의 세력들이 갖고 놀지요. 그것이 하나님의 응답인 줄 착각하지요. 하나님께서 고행을 하고 대가를 치르고 몸이 좀 망가지고 해야 응답하시는 분인가요? 사울의 제사와 무엇이 다릅니까? 제물로 하나님을 조정해 보려다가 왕 자리에서 쫓겨나지

260

않았습니까? '순종이 제사보다 낫다'고 했습니다. 이 말씀을 명심하고 또 명심하십시오. 사울이 뱀처럼 지혜롭게 했는지는 몰라도 비둘기처럼 순결하지는 못했던 것입니다.

정리합시다.

첫째, 먼저 세상에서 통하는 성공의 법칙을 투철하게 체득해야 한다.

둘째, 그런 다음 수단이 그들과 달라야 한다. 즉 하나님의 결재가 필요하다.

비둘기의 '수단'은 무엇입니까? 먼저 동기와 목적입니다. 왜 돈이 필요한지, 얼마가 필요한지에 대해서 하나님의 철저한 점검을 받기 바랍니다. 그런 다음에 어떤 방법으로 할 것인지도 하나님의 승인을 받기 바랍니다. 증권인지, 부동산인지, 아니면 설렁탕 집인지….

예를 하나 들겠습니다. 세 자녀를 둔 엄마가 치열한 입시 전쟁을 6년이나 치렀습니다. 셋 다 재수를 했기 때문입니다. 그러나 일단 대학에 들여보내고 보니 모두 엄마의 품을 떠났습니다. 엄마는 외로워하다가 급기야 우울증에 걸렸습니다. 남편이 아이디어를 냈습니다. "여보, 증권투자 좀 해봐." 아내는 부동산의 'ㅂ' 자도, 주식의 'ㅈ' 자도 모르는 사람이었는데 남편이 몇 가지 가이드를 주었습니다.

1. A주식과 B주식 두 가지만 할 것
2. 수익률은 10% 이상 바라지 말 것

3. A주식은 12,000원이면 사고, 13,500원이면 팔 것
4. B주식은 24,000원이면 사고 27,000원이면 팔 것

아내는 남편이 말해 준 대로 했습니다. 증권회사 객장에 한 번도 나가지 않고 집에서 신문을 보고 결정했습니다. 한 번 사는 데 2~3개월을 기다려야 했고, 파는 시점을 만나기까지 1~2개월이 다반사였지만 그대로 했습니다. 날마다 신문이 오면 맨 먼저 주식시세를 보게 됐고 이러는 사이에 우울증이 치유되었습니다. 1년 뒤에 어떻게 됐을까요? 두 배가 되었습니다.

이 부부의 투자 목적은 우울증 치료와 딸의 해외 신앙훈련 1년의 자금 1,000만 원을 만드는 것이었습니다.

A교회의 회계 원칙

- 독립채산제. 각 사역 단위별(집사회와 사역팀별)로 독립한다.
- 회계 관리는 각 사역 단위의 운영위원회가 한다.
- 지원조정사역팀의 지도와 감사를 받아야 한다.

- 장부조직
  1. 현금출납부　　2. 계정별 원장　　3. 기타 장부
  4. 헌금자명부　　5. 재산목록

- 수입계정
  1. 십일조　　　　2. 주일헌금　　　3. 구제헌금
  4. 감사헌금　　　5. 절기헌금　　　6. 후원금
  7. 교회개척적립금

- 지출계정(지출우선순위) Obligation/Needs/Wants
  1. 성역비: 목회자, 목회동역자의 사례, 목회용 도서 구입비
  2. 교회개척비용: 지교회 개척을 위한 적립금, 지교회 개척 후원금
  3. 법정후원금: 노회비
  4. 구제비: 구제성 헌금으로 수입된 것을 집사회에 이양한 것. 집사회

활동을 보조한 비용

*참고 이 교회는 평신도들의 세상 섬김 활동을 교회의 한 축으로 독립시켰다.

5. 월세: 교회 임차 비용, 관리비, 분담금 등

6. 접대비: 교회 외적 교제 비용(손님 대접, 나그네 대접, 경조비 등)

7. 교회 내 양육비: 교인 양육에 직접 소요된 비용

8. 교회 외 양육비: 교회 외의 양육에 직접 소요된 비용

9. 전도비: 전도 관련 비용, 상담 비용

10. 교제비(Hospitality): 교회 내적 교제 비용(주일 중식 비용, 새가족 비용, 교인 수련회 비용 포함)

11. 서무비: 교회 유지에 소요되는 비용(차량 비용, 전기, 통신, 수도, 우편, 출장, 운송, 야근 식대 등), 목회에 소요되는 비용(성례비, 예배비, 행사비 등)

12. 비품, 소모품비: 교회 행정에 소요되는 비용(문방구, 소모품, 동산구입 비용, 도서 구입비 등)

13. 관리비: 교회 건물 유지에 소요된 비용, 미디어 관련 비용, 홍보 비용

*예비비 원칙적으로 두지 않음. 지출 사유 발생 시마다 운영위가 의결해서 지출

• 기타 장부

1. 개인별 헌금기록부: 날짜, 헌금 종류, 금액, 누계

2. 교회 자산 기록부: 부동산, 30만 원 이상의 동산, 정기적 점검 또는

수검이 필요한 것, 제반 중요 계약서 포함

• 통장 관리
- 수입 용도별로, 지출 용도별로 각각 통장을 개설하여 관리한다.
- 혼합 산입하면 안 된다.
- 송금받는 경우, 목적별로 재분류한다.
  1. 일반회계용: 십일조 통장, 기타 헌금 통장
  2. 특별회계용: 교회 개척용, 구제 헌금용, 장학 헌금용, 기타 목적 헌금용
  3. 통장 명의는 교회 명의로 한다.
  4. 통장 보관은 해당 통장의 지출 책임자가 한다.
  5. 송금 처리(폰뱅킹/인터넷뱅킹)는 담당 책임자만 취급할 수 있다.

• 헌금 집계: 주일
- 헌금별로 집계한다. 헌금 내용에 따라 통장에 각각 나누어 입금한다.
- 집계한 내용은 매주(익주) 운영위에 보고한다(개인별 명세 제외).

• 지출
- 선지출 후심사 원칙, 전도금 지급 후 정산 원칙, 영수증 무첨부 원칙
- 담당자가 먼저 지출한다.
- 지출 후 담당 책임자의 심사 판정을 받는다.
- 지출이 부결되거나 축소되면 담당자가 부담한다.

- 신규 발생 시, 혹은 거액일 경우는 사전 협의하는 것이 바람직하다.
- 모든 지출은 개산금(槪算金)을 미리 청구하여 지출하고 집행 후에 정산한다.
- 영수증은 심사가 필요한 사안에만 필요하다. 전표에 첨부하지 않는다. 그러나 심사 시에도 불요(不要)하기를 힘쓰자.
- 주간 지출 내용은 운영위에 보고한다(익주).

• 종합 보고
- 매일 입지출 명세를 홈페이지에 게재한다.
- 교회 운영에 참여하는 성도들에게만 상시 공개한다.
- 매월 마지막 주에 전 교인에게 재정 상태를 보고한다.

• 예산 편성: 예산은 매년 Zero Base에서 전혀 새롭게 수립한다.
- 전년 실적은 참고하지도 대비하지도 않는다. 전년 대비 00%, 혹은 전년 동액 동결 식의 표현은 사용하지 말자.

• 감사
- 예산 편성 전에 반드시 시행한다. 회계감사가 아닌 사업(사역)감사(사업의 타당성, 지출 규모의 과다, 과소 행태의 죄 적발 등)

A교회의 재정 원칙

★ 수입의 분배 원칙

P(priority)1〉고정비 : 변동비

　　고정비(Obligation 항목) 1, 2, 3, 4 → 반드시 우선적으로 지출

　　변동비(Needs 항목) 5, 6, 7, 8, 9, 10, 11 → 수입에 비례하여 지출

　　유동비(Wants 항목) 12, 13 → 여유 있을 때 지출

P2〉비중 분배(매년 여건에 따라 달라짐. 매년 사전에 결정해야 함)

　　고정비 - 40%(2010년) / 변동비 - 30% / 유동비 - 30%

P3〉성역비 결정 원칙

　- 필요를 따라 분배하는 원칙: 서열 순으로 금액이 차등되지 않도록 한다. 가족수당, 안식년 지원, 활동비(접대비), 자녀 장학금 등

　- 노후연금을 준비한다.

　- 보너스 지급: 일정률의 보너스를 지급한다(명세 생략).

P4〉대내 지출 vs. 대외 지출 비중

- 따지지 않는다. 공표하지 않는다.

- 정치적 선전물이 되어 엉뚱한 영향을 받을 수 있다. 이상한 정의감이나 지표 하나로 교회 전체가 오도될 수 있거나 교만해질 수 있다. 대외 지출이 많아야 반드시 좋다는 편견을 버리자. 여론을 의식하거나 여론에 의해 조종받는 것은 교회답지 못하다.